大安寺国家筆頭大寺へのあゆみ

大安寺歴史講座 3

木下正史
東京学芸大学名誉教授

南都 大安寺編

東方出版

◆目次

第四章　大官大寺跡の発掘　78

第五章　東アジア諸国の国家寺院と九重塔建立　109

はじめに

ご紹介いただきました木下でございます。「国家筆頭の大寺を探る」と題しまして、三回に分けて、講演させていただきます。

第一回目の今日は「舒明天皇発願の百済大寺」、第二回目は「天武朝大官大寺と文武朝大官大寺」、第三回目は「東アジア諸国の国家寺院と九重塔建立」と題しまして、お話しいたします。

私が奈良国立文化財研究所（現・奈良文化財研究所、以下奈文研と略す）に入りましたのは昭和四十三年（一九六八）のことです。一年あまり平城宮・平城京跡の発掘調査に従事しておりましたけれども、昭和四十五年から、昭和三十四年以来中断していた飛鳥・藤原地域での発掘調査を再開することになり、私もその一員として配属されたのです。以来、二十年余りの間、飛鳥・藤原地域の発掘調査研究に携わることになりました。

この間、実に多くの発掘調査に携わり、日本古代史を塗り替える発掘調査をいくつも直接、手懸けることができました。たとえば、中大兄皇子が日本で初めて作った水時計台跡であることを明らかにした飛鳥水落遺跡、法隆寺よりも古い金堂・回廊建物を発見した山田寺跡などの発掘はとくに忘れがたいものです。奈文研の発掘の再開によって、発掘を基軸として、飛鳥・藤原京とその時代を解明する研究は本格化することになります。その中心メンバーの一人であり続けることができたことは、たいへん幸せなことであったと思っています。

もう一つ、大きな成果が得られたのが今回お話しする大官大寺跡の大発掘です。大官大寺跡の発掘調査は、昭和四十八年から五十七年までの十年間、継続しました。大官大寺とは、「官の大寺」つまり朝廷の寺、国家寺院であり、さらに国家筆頭の大寺であることを意味しており、『日本書紀』などに天武天皇が「大官大寺」を建立したとの記載が見えます。

大官大寺跡は、明日香村小山と橿原市南浦町にまたがる場所に位置しており、飛鳥盆地の北端で、香具山南方の水田地帯に塔跡と「講堂跡」と伝える二つの大きな土壇が残っています。この寺跡は、江戸時代以来、天武天皇建立の大官大寺跡とされ、発掘調査を始めるまで、それを誰も疑うことはなかったのです。

ところが、『続日本紀』など信頼できる史料には、文武天皇が大々的に大官大寺を造営したという記事が見えます。『日本書紀』に見える天武朝の「大官大寺」と、『続日本紀』に記載された文武天皇造営の大官大寺とは、どのような関係にあるのか、未解決の課題が残っていたのです。

　十年間の発掘調査によって、この寺跡は天武天皇建立の大官大寺とは考え難く、文武天皇が建立した大官大寺と考えざるを得なくなりました。しかも、奈良時代初頭頃、大火災によって伽藍中心部の堂塔のすべてが焼け落ちたことが明確になったのです。そして、堂塔跡の下層に、天武天皇建立の寺があった兆候は全く認められませんでした。

『大安寺《だいあんじ》伽藍《がらん》縁起《えんぎ》并《ならびに》流記《るき》資財帳《しざいちょう》』（以下『大安寺伽藍縁起』と略記する）という奈良時代の天平年間にできた百済大寺から大安寺に至る縁起と平城京大安寺に所蔵されている資財の内容を記した記録が残されています。その中の縁起の部には、文武天皇による伽藍の建立と丈六仏の安置が記されています。ところが、資財の部には、舒明天皇、皇極天皇、天智天皇が施入した多数の資財について記載しているにも関わらず、文武天皇造営時の資財については、全く記載されていないのです。

　大官大寺跡での発掘成果と『大安寺伽藍縁起』の記載を重ね合わせると、天武朝大官大寺と文武朝大官大寺とは別の寺であったと考えなければ理解がつかないことになりました。文武朝大官大寺は平城京に移転する前に焼け、資財も焼失してしまった。それに対して、舒明天皇、皇極天皇、天智天皇施入の資財が平城京大安寺に多数伝えられているのは、焼けずに併存していた天武朝大官大寺に所蔵されていた資財が移されたと考えられるのです。ならば、天武天皇建立の大官大寺はどこにあったのでしょうか。大きな謎が生まれたのです。発掘調査というものは、課題を解決する一方で、新たな難題を提示するものだと痛感したのでした。

文武天皇建立の大官大寺の塔跡は、飛鳥時代の五重塔の基壇や建物の二・五倍ほどと比類がないほど壮大な規模を誇っていました。文武天皇によって大官大寺に九重塔が建てられたとの史料があり、発掘成果がそれを裏づけたのです。文武天皇大官大寺の基になった百済大寺でも九重塔が建設されたとあります。九重塔は、国家筆頭の大寺を象徴するものとして建立されたと見ることができるのです。

東アジア諸国でも、国王が発願した国寺では九重塔が建設されています。発掘調査によって、北魏の洛陽永寧寺、新羅の皇龍寺、百済の弥勒寺などの国寺では壮大な九重塔が建立されたことが明らかになっています。大官大寺は東アジア社会の仏教文化の展開との関わりの中で考えなければならないのです。

平成九・十年（一九九七・九八）の発掘によって、香具山東北方の磐余の地にある吉備池廃寺が百済大寺跡であることが明らかになり、天皇発願の国家筆頭寺院の研究は大きく進展していきます。今回の講演では、大官大寺の解明の歴史や寺院構造の特徴、それらが語る歴史的意義などについて考えたいと思います。

第一章　舒明天皇発願の百済大寺

氏寺（私寺）から官寺へ

官寺はどのような経過で造られてきたのかを明らかにするために、まず、初期仏教と初期寺院の変遷について簡単に見ておきましょう。

わが国最初の本格的寺院は飛鳥寺です。飛鳥の地に造られたために飛鳥寺と呼ばれました。別に法号によって元興寺・法興寺・法満寺とも称しました。元興寺とは仏法が初めて興った寺という意味ですし、法興寺とは法が興った寺という意味です。法号には造寺の趣意が盛り込まれており、まさにわが国での仏法の始まりを告げる寺であったことを、その法号から知ることができます。

飛鳥寺は、当時の権力者蘇我馬子が発願した寺で、蘇我氏の氏寺として五八八年に造営が始まり、五九六年頃に伽藍が整っています。飛鳥盆地内に造られた最初の本格的施設でして、その意味では、飛鳥時代の幕開けを告げる大記念碑と言えるものでした。

『日本書紀』などによると、飛鳥寺の造営にあたって百済から僧、寺工・瓦博士・画工らが派遣されてきたとあります。発掘で明らかになった伽藍配置は高句麗式の一塔三金堂で、屋根に葺かれた軒瓦は百済様式のものでした。わが国最初の伽藍寺院は朝鮮半島の百済・高句麗との濃密な交流を基に建設されたことを窺い知ることができます。

五九四年、推古天皇は聖徳太子と蘇我馬子とに仏教を興隆するよう命じており、すべての臣・連は天皇と親の恩に報いるために競って寺を造営したと言われます。六〇七年、聖徳太子は斑鳩の地に斑鳩寺を造営します。これが契機となって、太子に倣う者が続出して、皇族や有力豪族が檀越となる氏寺の建立が一斉に花開いていきます。『日本書紀』推古三十二年（六二四）の記事には、当時、四十六ヵ寺があり、僧は八一六人、尼は五六九人を数えたとあります。四十六ヵ寺の大半は飛鳥を中心とした大和・河内など、当時の政治・社会・文化の中心地に集中して分布しています。豪族層は前方後円墳を造ることをやめて、寺院を造営するようになります。五九四年の推古天皇による仏教興隆の命令は、急速に浸透して、仏教興隆の時代へと向かっていきます。

初期仏教は蘇我氏主導のもと、百済系仏教・寺院文化を主流とする特徴があり、造営された寺院はすべて豪族層や皇族の氏寺（私寺）でした。

やがて、朝廷の経済的負担によって官寺が造営、経営されます。官寺とは、天皇が発願して造営、経営し、国の宗教行事を行う国家寺院のことです。

舒明十一年（六三九）、推古天皇の後を継いだ舒明天皇が、百済川辺に百済大宮と百済大寺とを造営します。百済大寺は最初の官寺であり、国家仏教の出発点ということができます。史料によれば、百済大寺では九重塔が造営されたとあります。六四一年に舒明天皇が崩御すると、百済大宮は廃されますが、百済大寺は舒明天皇の後を継いだ皇后の皇極天皇によって造営が続けられており、さらに、天智天皇によって仏像が施入されています。百済大寺は舒明天皇の時に完成したわけではなく、その後も様々の造営工事が続けられていたようです。詳しくは後に述べましょう。

六四五年、乙巳の変、いわゆる大化のクーデターによって蘇我本宗家が亡びると、仏教信仰の主導権は朝廷へと移っていきます。それとともに、仏教は鎮護国家仏教への歩みを強めていきます。斉明六年（六六〇）、新羅と唐との連合軍の攻撃を受けて、百済が滅びます。そして六六三年、百済の復興をめざした百済と倭の連合軍は、白村江の戦いで大敗を喫してしまいます。斉明天皇と中大兄皇子は百済支援軍派遣のために、今の福岡県に前進基地を設けて、滞在していました。

六六〇年、斉明天皇は僧百名を招いて、「仁王会」（「仁王般若会」）の法会を修しています。「仁王般若経」は、国土が乱れ外敵の侵入が予想されるとき、国王が百僧を請い、「仁王経」を講ずるならば、仏法護持の鬼神が集まり国土を守護・護持すると説きます。朝鮮半島での軍事情勢に危機感を強め、仏法の加護によって国を護る法会が催されたのです。

　また、七世紀後半の天武・持統朝には、飛鳥の京や畿内、そして諸国で「金光明経」や「仁王経」を盛んに読誦させています。「金光明経」は、七世紀中頃から後半にかけて、朝鮮半島経由で伝えられた経典で、日本においては「法華経」「仁王経」とともに護国三部経の一つに数えられました。「金光明経」は帝王神権説に基づく経典で、「国土を統治する王は、人間として生まれたとはいえ、母の胎内にある時から仏法を護持する三十三天・四天王の諸天の守護を受け、神力が与えられている。国王は出生前から護法の諸天すなわち神から国王としての使命と高貴な身分を与えられている」と説きます。「金光明経」を仏前で講読し、仏法の力によって国土の安穏と万民の豊楽を祈る法会が「金光明会」です。

　たとえば、『日本書紀』天武五年（六七六）の記事には、全国に僧侶を派遣して「金光明経」と「仁王経」を講読させるとあり、持統八年（六九四）には諸国に「金光明経」百部を頒布して、毎年正月上亥の日、つまり最初の亥の日に読誦させています。『続日本紀』の大宝二年(七〇二)には、畿内の寺院に「金光明経」の講読を命じており、神亀五年(七二八)には、諸国に「金光明経」十巻を頒って、全国で講読させています。

　やがて、道慈によって「金光明最勝王経」が伝えられます。神亀二年（七二五）、聖武天皇は詔を下して、道慈に「金光明経」を「金光明最勝王経」に代えて大極殿で講読させています。なお、道慈は遣唐留学僧で、平城京大安寺の造営に大変功績があったことで知られます。

「金光明最勝王経」は唐の義浄の訳で、道慈によって日本にもたらされました。「金光明最勝王経」は、四天王による国家鎮護の教えが説かれる護国の経典で、奈良時代に重んじられました。

聖武天皇は、「金光明最勝王経」を信奉して盧舎那仏と東大寺（七重塔）を造り、全国に国分寺（七重塔）を造営します。国分寺は「金光明最勝王護国之寺」と名づけられており、「金光明最勝王経」四天王護国品第十二が説く国家の災厄疫病を消除するために、四天王の加護を祈る寺として建立されました。こうした鎮護国家仏教の中心寺院が官寺、国家寺院であり、その出発点が百済大寺であったのです。国分寺の七重塔には、「金光明最勝王経」が安置されました。なお、国分寺制度は唐の制度に倣って生まれたものであることに注目しておく必要があります。

舒明天皇とその政治

百済大寺について述べる前に、『日本書紀』の記載によって舒明天皇とその政治について簡単に見ておきましょう。舒明天皇は推古天皇が亡くなった後、六二九年正月に即位しており、六四一年に百済大宮で崩御しています。和風諡号は息長足日廣額天皇《おきながたらしひろぬかのすめらみこと》で、即位前の名は田村皇子で、敏達天皇の孫にあたります。父は押坂彦人大兄皇子、母は敏達天皇の皇女の糠手姫皇女《あらてのひめみこ》です。父の名前にある押坂《おっさか》は、現在の桜井市忍阪の地にあたり、田村皇子はこの押坂の辺りで成長したのでしょうか。忍阪は百済大寺が発見された磐余の東方の谷間の地です。押坂彦人大兄皇子は「大兄」とありますので天皇に就く資格がある有力な皇子でしたが、天皇につかずに亡くなってしまいます。

推古天皇の崩御後、皇位継承を巡って争いがありました。蘇我大臣蝦夷は田村皇子を推し、蝦夷の叔父の境部摩理勢臣は聖徳太子の息子の山背大兄皇子を推薦しましたが、田村皇子が舒明天皇として即位することになります。

元年四月、舒明天皇は田部連を掖玖《やく》（屋久島）に派遣しており、三年二月に、掖玖の人が帰化しています。この派遣は、南島への支配権の拡大を狙ったのでしょう。翌二年（六三〇）正月には、宝皇女（後の皇極・斉明天皇）を皇后に立てています。宝皇女は、葛城皇子（中大兄皇子、後の天智天皇）、間人皇女、大海人皇子（天武天皇）を生んでいます。

二年（六三〇）三月には、高麗・百済の使者が朝貢してきており、百済は、七年（六三五）にも朝貢使を派遣してきています。舒明朝にも朝鮮半島諸国との交流が続いていたのです。

二年八月には、大仁犬上三田耜と大仁薬師恵日とが大唐に派遣されています。第一回遣唐使です。唐から最先端の政治・社会制度、文化の導入を図ったのです。新文化の中には、むろん宗教、そして仏教とその文化も含まれていたでしょう。

二年十月、舒明天皇は飛鳥岡のほとりに岡本宮を営んで遷ります。飛鳥岡本宮です。飛鳥盆地内に営まれた最初の宮殿です。これ以降、歴代天皇の宮殿の多くが飛鳥に営まれることになり、本格的な飛鳥の時代が形づくられていきます。

『日本書紀』には、舒明天皇がたびたび温泉に出掛けた記事が見えます。三年九月、津国（摂津国）の有間温湯（現在の有馬温泉）に行幸し、三ヵ月ほど滞在しており、十年（六三八）十月にも有間温湯に出掛けています。十一年十二月には、伊予温湯宮（道後温泉）に行幸して、四ヵ月ほど滞在しています。たびたび温泉に出掛けていることには何か歴史的意義があったのでしょうか。

四年（六三二）、唐は高表仁を遣して、犬上三田耜らを送ってきます。また、推古十六年（六〇八）に隋に派遣された学問僧旻が新羅の送使に従って帰国しており、十二年（六四〇）には、南淵請安と高向玄理も新羅経由で帰国してきます。彼ら遣隋留学生・留学僧は、隋唐での長い留学生活を終えて、唐で周孔・周易の教えや最新の知識を身につけて帰国します。彼らは中大兄皇子や中臣鎌足に大きな影響を与え、大化のクーデター後の難波の政権の国政で活躍しており、新しい国づくりに大きく寄与することになります。

八年（六三六）に、飛鳥岡本宮が焼け、天皇は田中宮の仮宮を営み遷ります。『日本書紀』八年七月の記事には、大派王（敏達天皇の皇子）は蘇我大臣蝦夷に、「群卿や百寮が朝廷への出仕をなまけている。今後、卯（午前六時）の始めに出仕し、巳時（午前十時）の後に退出させよ。そのために鐘をついて時刻を知らせ、規則を守らせるようにせよ」と提案したが、大臣は従わなかったと見えます。この記事は舒明天皇時代の政治を考える上でたいへん興味深い記事でして、律令制下で確立する官僚層の朝参時刻制につながる新しい政策です。背景に官僚層が増加した状況を窺わせます。官僚層を効率よく統率するために、新しい政策が模索され始めていたのです。

九年（六三七）、蝦夷が背いたために、大仁上毛野君形名を将軍に任じて蝦夷を征討させ、北方地域への支配権の拡大を図っています。先の南方への支配権の拡大策とともに、日本列島の広範囲にわたって支配権を及ぼす政策が取られ始めているのです。

十一年（六三九）、舒明天皇は、百済川辺に大宮と大寺を造営するように命じ、造営を開始します。伊予温湯宮滞在中の十二月、百済川辺に九重塔が建設されます。

十二年（六四〇）十月、百済大宮が完成し、舒明天皇は厩坂宮から遷宮します。飛鳥の宮殿は、多くが造営開始後、数ヵ月程度で遷宮が実現しているのに対して、百済大宮の造営は一年三ヵ月ほどかかっています。百済大宮跡は未だ発見されていませんが、壮大な宮殿が造営されたことは疑いないでしょう。後に述べますように、百済大寺は飛鳥諸寺をはるかに凌駕する大伽藍であったことが明らかになっています。百済大宮も「大宮」の呼名に相応しい従来の飛鳥の宮殿とは大きく異なった大宮殿であったのではないかと考えられるのです。百済大宮も百済大寺の近くに所在したはずです。百済大寺跡の周辺地域を計画的に発掘調査すれば、百済大宮跡が必ず見つかるはずです。百済大宮の規模や構造は、百済大寺の歴史的意義、さらには飛鳥時代史の中における舒明朝の歴史的位置の評価に大きく関わってきます。この点については、本章の最後でもう一度取り上げることにしましょう。

十三年（六四一）、舒明天皇が百済大宮で亡くなり、十日後、宮の北で殯が行われます。この殯は「百済の大殯」といわれ、葛城皇子（後の天智天皇）が十六歳で誄しています。

皇極元年（六四二）正月、舒明天皇の皇后が即位します。皇極天皇です。蘇我蝦夷が元通り大臣に任命されています。ただ、国政の実権は蝦夷の子の入鹿が握っており、その権勢は大臣の蝦夷を凌駕していたと言われます。皇極天皇は即位した年に、「大寺を起し造らむと思欲《おも》ふ。近江と越の丁を発《おこ》せ」と百済大寺の造営を命じています。

皇極元年十二月十三日、舒明天皇の葬儀が行われ、二十一日に「滑谷岡《なめはざまのおか》」に埋葬されます。翌二年四月、皇極天皇は飛鳥板蓋宮へと遷り、九月六日には、舒明天皇を「押坂陵」に改葬しています。

百済大寺の造営経過

『日本書紀』などに見える造営経過

ここで、『日本書紀』などの記載によって百済大寺の造営経過と、天武天皇による高市大寺への移転、大官大寺への改名に至る経過について、年代を追って見ておきましょう。

舒明十一年（六三九）七月　大宮及び大寺を造作《つく》らしむと詔し、百済川の側を宮処と定める。西の民は宮を造り、東の民は寺を造る。書直県《ふみのあたいあがた》を大匠《おおだくみ》に任命する（『日本書紀』）。

舒明十一年（六三九）十二月十四日　天皇、伊予温湯宮に行幸。

舒明十一年十二月　是月、百済川のほとりに九重塔を建てる。

舒明十二年（六四〇）四月十六日　舒明天皇は伊予行幸から帰り、厩坂宮に住む。

舒明十二年十月　舒明天皇は百済宮に遷る。

舒明十三年（六四一）十月九日　天皇、百済宮で崩御する。

皇極元年（六四二）九月　皇極天皇は「大寺を起し造らむと思欲ふ。近江と越の丁を発せ」と百済大寺の造営を命じる。造寺司に阿倍倉橋麻呂《くらはしまろ》と穂積百足《ほづみのももたり》を任命する。

天武二年（六七三）　百済大寺を高市郡に移す（『大安寺伽藍縁起』など）。

天武二年十二月十七日　小紫《しょうし》美濃王、小錦下《しょうきんげ》紀臣訶多麻呂《きのおみかたまろ》を造高市大寺司に任命する（『日本書紀』『大安寺伽藍縁起』）。

天武六年（六七七）九月　高市大寺を改めて「大官大寺」と号す（『大安寺伽藍縁起』）。

以上のように、『日本書紀』の記載によると、百済大寺の造営は舒明十一年（六三九）七月に百済大宮とともに始まっています。造営にあたっては、西の民は宮を、東の民は寺を造るとあり、大寺と大宮は民を徴発して建設されたことが分かります。「西の民、東の民」とは、皇極元年九月の記事に見える「丁《よぼろ》」に相当するものと考えることができます。

奈良時代に確立する律令制では、仕丁（してい、しちょう、つかえのよぼろ）制という税制があります。「仕丁」とは、諸国の成人男子に税として課した課役で、諸国から都に徴発され、都での土木建設工事などの労役や、中央官庁などで雑用に従事させる税制でした。律令制下では、五十戸からなる全国の「里」から成人男子二人を徴発する決まりでして、都での生活費などは出身の「里」の負担でした。

舒明十一年の記事に見える「民」や皇極元年条の「丁」は律令制下の「仕丁」制につながるもので、その制度がすでに舒明朝には萌芽しており、都での宮殿や官寺の土木建設工事に「民」が駆り出されていた様子を窺わせます。

大宮と大寺の造営にあたっては、書直県が「大匠」に任命されています。「大匠」とは「将作大匠」のことで、古代中国で宮殿や宗廟《そうびょう》などの造営を司る官職名に基づいた官名です。「直」は姓《かばね》です。「書《ふみ》」は文筆のこと、文章を書くことを担ってきた渡来系氏族の名前です。百済大宮と百済大寺は、渡来系氏族の先進の知識や技術が駆使されることによって造営が進められたことを窺わせています。

『扶桑略記』によると、百済大寺は聖徳太子の遺言を受けて舒明天皇が造営したと記されています。すなわち、推古二十五年（六一七）、聖徳太子が熊凝村に一精舎を建てることを発願し、推古二十九年（六二一）、太子は熊凝精舎を献じて朝廷の寺としたいと欲し、平群郡の熊凝精舎を大伽藍と成す、今の大安寺である、とあります。また、舒明十一年（六三九）一月、始めて大宮を十市郡百済川の側に造る。勝地を選び、熊凝精舎を移し、百済大寺を建てたと記されています。『扶桑略記』は、聖徳太子造営の「熊凝精舎」が百済大寺建立の基礎になったと伝えているのです。

また、『大安寺伽藍縁起』には、田村皇子（後の舒明天皇）が聖徳太子を病床に見舞った際、聖徳太子建立の熊凝精舎の後事を託され、大寺の建立に至ったとあります。『大安寺伽藍縁起并流記資財帳』は、天平十九年（七四七）に成立した大安寺の縁起と所蔵財産を記したもので、信頼性の高い史料とされます。

ここでは、百済大寺の造営は、聖徳太子の造寺活動と関わっていた可能性が高いことを注目しておくにとどめましょう。その真偽や意義については、後に再度検討したいと思います。

さて、『大安寺伽藍縁起』には、舒明天皇造営の百済大寺の九重塔と金堂の石鴟尾《しび》がほどなく焼失したとあり、それは寺を造営するにあたって、子部社を切り払ったために子部神の怒りを買ったためであるとの記載が見えます。ところが、後に詳しく話しますが、吉備池廃寺の発掘では焼けた痕跡は全く認められなかったのです。『大安寺伽藍縁起』の記載と、実際の遺跡の発掘成果との間には食違いがあるのです。どのように考えたらよろしいのでしょうか。はっきりしませんが、あるいは文武天皇建立の大官大寺焼亡の事実と混同しているのかもしれません。

舒明天皇亡き後、皇極天皇は元年（六四二）九月、「大寺を起し造らむと思欲ふ。近江と越の丁を発せ」と百済大寺の造営を命じ、「造寺司」つまり造寺の長官に阿倍倉橋麻呂（内麻呂）と穂積百足とが任命されています。阿倍倉橋麻呂（?～六四九年）は、いわゆる大化改新後の難波の政権では左大臣の重職にありました。孝徳天皇の寵妃の小足媛の父親で、小足媛は有間皇子を生んでいます。ちなみに、当時の右大臣は山田寺を造営した蘇我倉山田石川麻呂でした。そして、皇極天皇による百済大寺の造営でも、「近江と越の丁」が徴発されていることが注目されます。

なお、阿倍氏の本拠地は、吉備池廃寺の東方一キロメートルの阿部一帯でして、七世紀中頃造営の安倍寺跡、阿倍氏の居館跡、阿倍氏の奥津城と見られる谷首古墳・文珠院西古墳・艸墓《くさばか》古墳など七世紀造営の大古墳が多数分布しています。

現在の安倍文殊院の境内にある文殊院西古墳は、切石積みの非常に精緻な横穴式石室を内蔵する古墳として有名です。私は文殊院西古墳こそ阿倍倉橋麻呂の墓である可能性が非常に高いと考えています。百済大寺と阿倍氏の本拠地が非常に近い位置にあることにも重要な意義があったと考えられますが、これについても後に再度取り上げ、その意義をさらに掘り下げて見たいと思います。

百済大寺の移転と、百済の地

その後、百済大寺はどうなったのでしょうか。『大安寺伽藍縁起』によると、天武二年（六七三）、百済大寺を高市郡に移すとあり、『日本書紀』や『大安寺伽藍縁起』には、天武二年十二月十七日、小紫美濃王と小錦下紀臣訶多麻呂を造高市大寺司に任命するという記事が見えます。天武二年という年は、天武天皇から見れば、父の舒明天皇の三十三回忌で、母の斉明天皇の十三回忌でして、百済大寺への移転は、父母帝の追善事業として行われた可能性が高いと言えます。

なお、百済大宮と百済大寺は「百済川」の辺に造営されたとありますから、それらの宮名や寺名は、それらが営まれた「百済川」あるいは「百済」の地名の場所に基づいて名づけられているのでしょう。

「高市大寺」という寺名も、高市の地に造営したことに基づいています。『大安寺伽藍縁起』によると、天武六年（六七七）九月、「高市大寺」は「大官大寺」と寺号が改められます。この改名は、非常に大きな意味をもっていると考えることができます。造営した場所の地名による寺名ではなく、寺の性格に基づいて名づけられているのです。さらに官大寺の前には「大」がつけられています。冒頭でも述べましたように、官大寺の中でも筆頭の寺格であることを象徴する寺名をとなえるようになったと言うことができます。なお、天武天皇建立の「高市大寺」と「大官大寺」については、後に詳しく取り上げることにします。

問題は、「百済」の地は、どこであったのかという点です。百済の地名は奈良県内に数ヵ所あります。奈良県広陵町、橿原市大軽町、橿原市高殿町の藤原宮大極殿東南方の「東百済」「西百済」などです。百済大寺の所在地については、これまでこうした地名などをもとに、奈良県広陵町百済の百済寺説、奈良県橿原市木ノ本町の木ノ本廃寺説などが提唱されていました。

広陵町百済寺説は、「百済」の地名とともに、百済寺と呼ばれる寺院に鎌倉時代中期建立の三重塔が残っていることが大きな根拠になっています。一部、発掘調査が行われていますが、これまでのところ奈良時代以前に遡る寺院遺構や遺物は全く発見されておらず、百済大寺をこの地に求める説には考古学的な証拠がないのです。

古代の「百済」の地名に関しては、『日本書紀』の壬申の乱の記事に注目すべき記載が見えます。それは、大伴吹負が大海人皇子（後の天武天皇）に味方して大友皇子側の飛鳥寺西の軍営を攻撃した記事でして、その記事の中に大伴吹負が「百済家の南門」から出て、近江朝側の軍営があった飛鳥寺の西に向かって軍勢を進めたと見えます。

当時の大伴氏の本拠地は香具山西北方で、耳成山の東、今の橿原市竹田の辺りであったことは多くの史料から確かめられます。七世紀、このあたりは「百済」の地名の場所であったと考えることができるのです。「百済」の地名の場所は香具山西北方に営まれた藤原宮あたりまで及んでいたかもしれません。

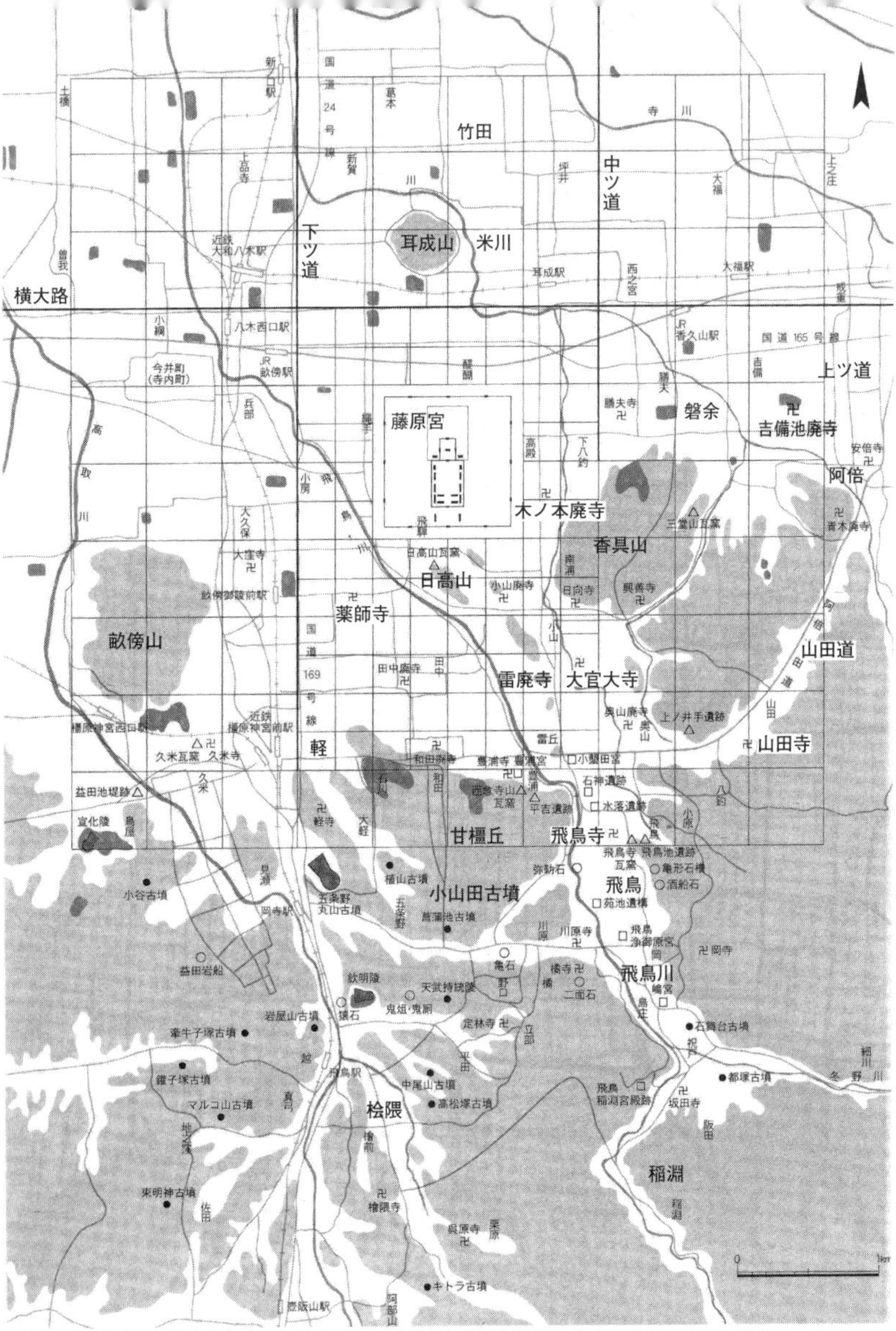

図１　飛鳥・藤原京と百済大寺・大官大寺周辺図（奈文研図に加筆）

耳成山の東方、すなわち古代の「百済」の地には、現在「米川」と呼ばれる川が流れています。その上流は磐余の地に及んでおり、後に取り上げる吉備池のすぐ南から西北方へと流れています。「百済」の地を流れる「米川」は、飛鳥時代には「百済川」と呼ばれていたのではないかと疑われます。百済大寺の所在地については、この「米川」流域の周辺も一つの候補地として浮かび上がってきます。二十世紀末、発掘がこの謎を解決に導きます。

吉備池廃寺の発掘

吉備池廃寺は奈良県桜井市吉備の地にあり、香具山東北一キロメートルの平坦地に位置しています。古代の磐余の中心地にあたる場所です。ここに吉備池と呼ばれる灌漑用の溜池があり、その岸辺に二つの大きな土壇状高まりがあり、その遺跡を「吉備池廃寺」と呼んでいます。吉備池の岸辺から瓦が出土することは以前から知られていまして、香具山西北麓にある木ノ本廃寺と同笵瓦が出土することから、木ノ本廃寺の瓦を焼いた瓦窯跡ではないかと推定されてきたのです。

一九九七年・九八年、奈文研によって吉備池廃寺の発掘が行われました。発掘は、吉備池の南東隅にある大きな土壇状高まりから始まりました。その結果、思いもよらない成果

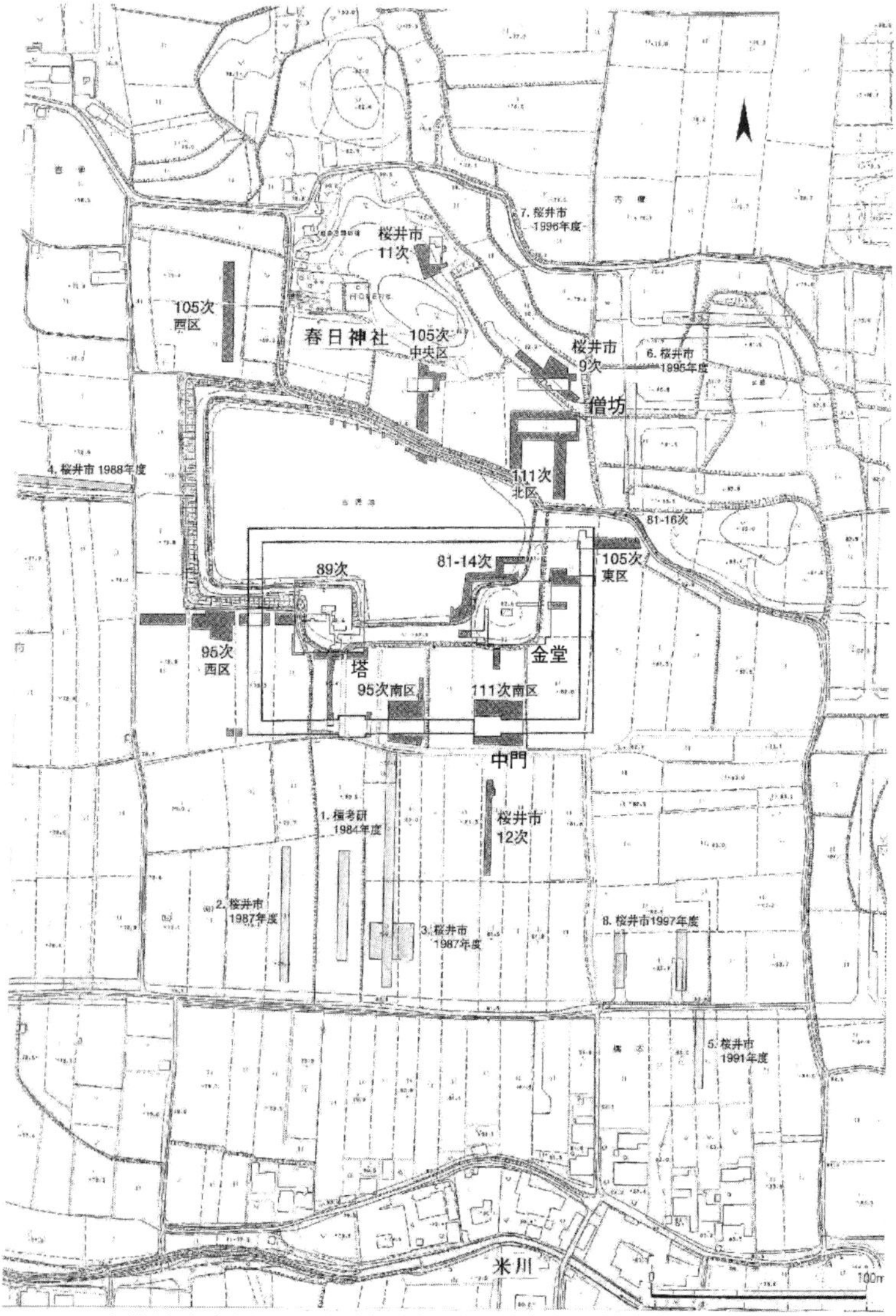

図２　吉備池廃寺周辺の地形と発掘区図（奈文研報告書図に加筆）

がありました。吉備池畔の東南隅にある大きな土壇は金堂跡で、その後、その西方八〇メートルほどのところにある大土壇が塔跡であることが分かったのです。

金堂と塔の基壇規模は飛鳥諸寺をはるかに凌駕する壮大なものでした。その後の調査によって金堂と塔を囲む回廊跡と回廊に取りつく中門跡、南門跡、中心伽藍の東北方で僧坊と見られる掘立柱建物などが発見され、伽藍の概要を知ることができることになり、吉備池廃寺は百済大寺跡である可能性が非常に高くなったのです。

金堂跡の発掘

まず、金堂跡の発掘を取り上げましょう。金堂跡では基壇の規模やその様子が明らかになりました。基壇盛土下では掘込地業の跡が発見されました。掘込地業は旧地表を東西三六メートル、南北二七～三〇メートルの範囲で、深さ一メートルほど掘り込み、その底から山土を四センチほどの厚さで積みあげ突き固める版築工法で築いていました。掘込地業の西北隅には礫を詰め込んだ排水溝が設けられており、掘込地業外へと延びていることが分かりました。基壇は掘込地業よりもやや大きく、東西三七メートル、南北二八メートルで、高さは二メートル以上であったと推定できました。

基壇上面は深さ〇・七メートルまで耕作が及んでおり、礎石やその据付け穴、あるいは礎石を抜き取った穴などは全く遺存しておらず、柱位置は明らかにできませんでした。基

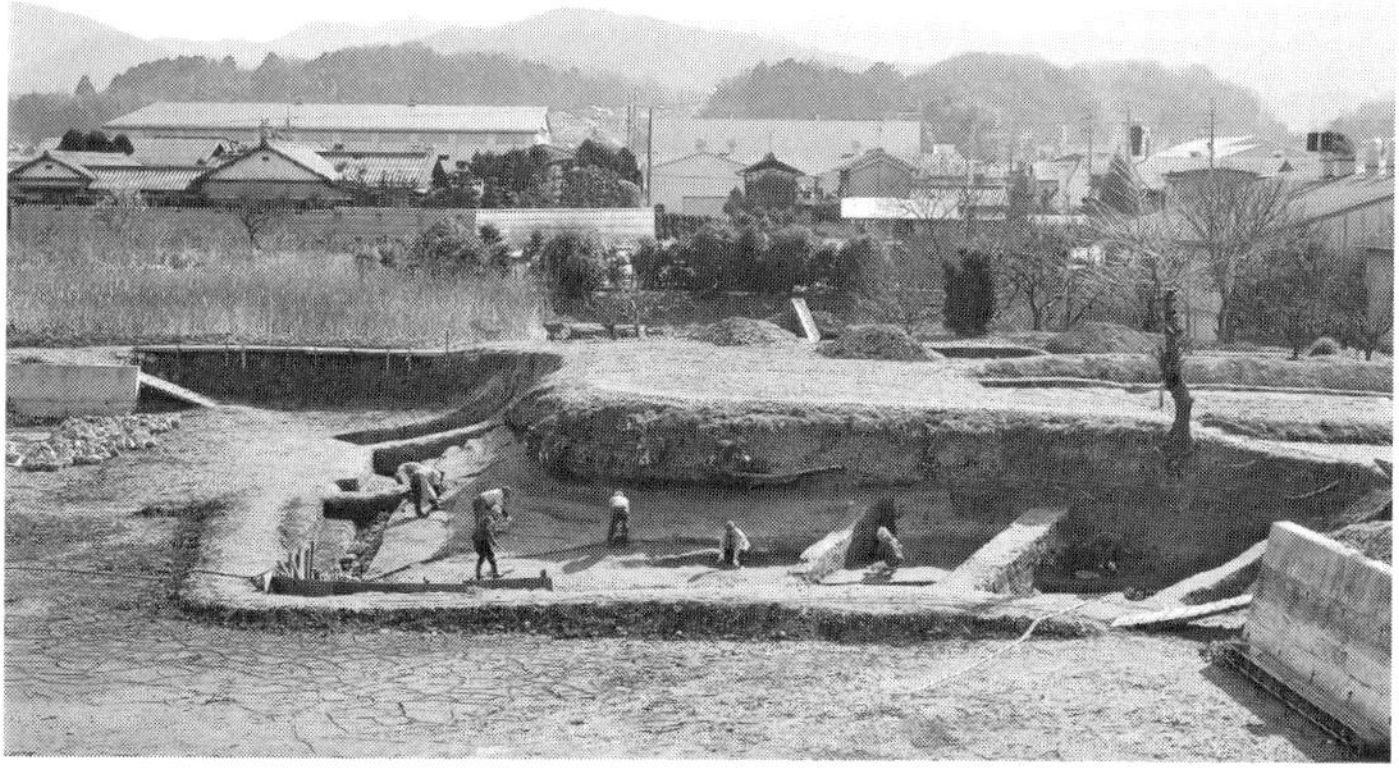

図３　金堂跡の発掘（西から。奈文研提供）

壇化粧石も全く残っていません。ただ、基壇の東辺では砂利敷が発見されており、基壇の周囲は砂利敷で整備していたことは明らかです。

さて、飛鳥の一級寺院の金堂基壇の規模は、東西二〇～二二メートル、南北一六～一九メートルほどです。吉備池廃寺の金堂基壇は、こうした飛鳥諸寺のそれをはるかに凌駕する巨大なものであったのです。この事実は、この寺跡の寺名や性格を明らかにする上で極めて重要です。

金堂跡からは軒丸瓦十八点、軒平瓦、丸・平瓦が出土しました。小破片が多いという特徴があります。軒丸瓦は単弁重弁蓮華文軒丸瓦で、山田寺式軒丸瓦と類似していますが、花弁が長く、弁端が尖る形になるなどより先行する特徴を示しています。瓦当《がとう》の径は二一センチメートルで、通常の飛鳥時代の軒丸瓦よりも二割ほど大型です。木ノ本廃寺からも同笵瓦が発見されており、胎土や製作技法も共通しています。木ノ本廃寺から出土した瓦は大型破片が多く、吉備池廃寺出土瓦よりも保存状況は良好です。そのほか、大阪四天王寺からも同笵瓦が発見されています。

軒平瓦は型押《かたお》し杏葉忍冬唐草文《ぎょうようにんどうからくさもん》を飾るものと、その上にロクロ挽きの三重弧文を加えた瓦とが出土しており、ともに大型です。木ノ本廃寺に同笵瓦があります。瓦当の幅は三六センチメートルと軒丸瓦と同様に大型です。杏葉忍冬唐草文は、杏葉状文様の一単位を彫り込んだ笵型を使い、それを同方向に押し当てて施しています。その笵型は、法隆寺前身の若草伽藍（斑鳩寺跡）の軒平瓦と同じ型が使われており、笵型についた傷の在り方から、吉備池廃寺の瓦の方が後に作られたことが確認できます。また、吉備池廃寺と若草伽藍とでは施文方法に違いがあり、若草伽藍の軒平瓦では杏葉文を上下、上下と繰り返し反転させて忍冬唐草文を施しています。

図４　金堂跡出土の軒瓦（奈文研報告書による）

丸・平瓦も大半が小破片です。全長は四六センチメートルほどに復原でき、軒瓦と同じように通常の飛鳥瓦に比べて二割ほど大型です。また、薄手の小型平瓦がかなりの量出土しており、金堂建物は裳階《もこし》付きであったと考えられます。なお、木ノ本廃寺出土の丸・平瓦も吉備池廃寺の丸・平瓦と共通する特徴があり、また、小型瓦を伴っていることが注目されます。

なお、金堂基壇の下層から、小規模な掘立柱建物が発見されました。柱が抜き取られており、抜き取り穴から七世紀中頃の土師器杯が出土しました。金堂基壇を築く時に、以前からあった建物を解体したのでしょう。下層の建物の発見によって、金堂は七世紀中頃以降に造営されたことが明らかにできたのです。

注目されるのは、金堂跡の発掘では火災にあった跡が全く認められなかったことです。出土瓦も二次的な火熱を受けた痕跡が見られません。金堂は火災によって廃絶したとは考え難くなったわけです。

塔跡の発掘

金堂跡の西方約五四メートルの地点にも、高さ二メートルほどの大きな土壇状の高まりが残っています。発掘の結果、この土壇は塔の基壇跡であることが明らかになりました。塔の基壇は、一辺約三〇メートルの方形で、高さは二・一メートル以上あり、二・三メートルほどと復原できます。山土を三〜七センチの厚さで互層に積み版築して築いていました。掘込地業は認められず、基壇化粧石も全く残っていませんでした。

基壇上面の中央では心礎抜き取り穴が発見されました。抜き取り穴は、東西約六メートル、南北八メートル以上の南北に長い長方形状の大きなもので、深さ〇・四メートルほどが残っていました。中には人頭大の根石が多数残っており、心礎は巨大なもので、かつ基壇上に据えられていたと判断できました。東大寺東塔（七重塔）の心礎は長径約三・八メートルで、奈良県香芝市尼寺廃寺の心礎は三・八メートル四方であり、吉備池廃寺の心礎も、これらに匹敵する巨大な心礎であったと思われます。

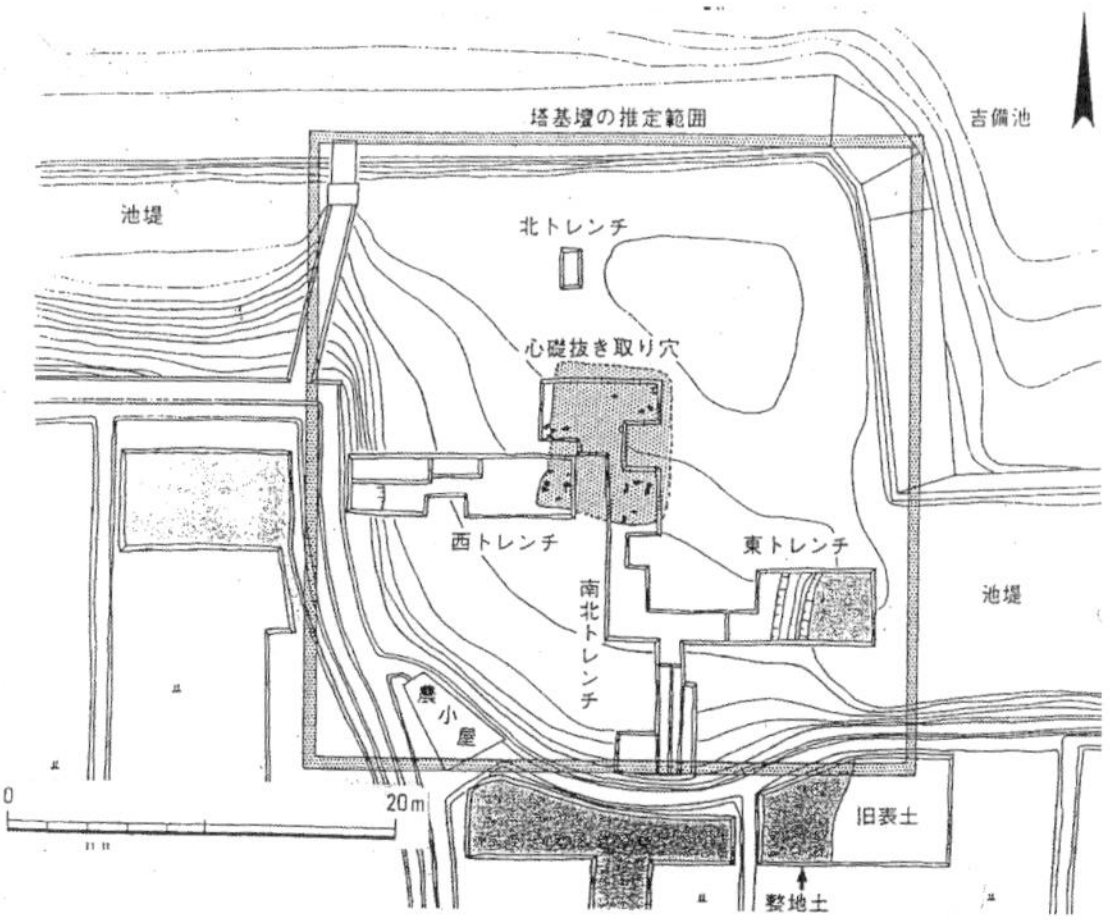

図５　塔跡の発掘（奈文研報告書による）

　心礎抜き取り穴からは七世紀末の土器が出土しており、心礎は七世紀末頃までに抜き取られ、持ち去られたことが分かります。塔は比較的短期間でこの地での命脈を終えたと考えることができるわけです。基壇の西辺部には、心礎を基壇上に引き上げるために二〇度ほどの傾斜面を設けていたことも明らかになりました。

　なお、金堂と塔の基壇が他に例を見ないほど大きいものであったことに加え、金堂と塔の中心間の距離も八五メートルと大きく離れていました。諸寺をはるかに凌駕する壮大な伽藍であったことを窺わせています。

塔跡の発掘では、金堂と同じ特徴を持つ丸・平瓦がごく少量出土しただけで、軒瓦は発見されていません。

中門・回廊、南門の発掘

中門跡は、金堂の南方約三〇メートルのところで発見されました。金堂の中軸線から一〇・六メートル西にずれたところに位置しています。基壇は東西一二メートル、南北九・八メートルほどの大きさで、周囲に石組みの雨落溝が巡らされています。基壇土は削平されており、礎石や礎石抜き取り穴は残っていませんでした。しかし、基壇規模から中門建物は正面三間《けん》、側面二間と推定できます。飛鳥寺中門の基壇規模は東西一五・三メートル、南北一三・五メートルで、建物は正面・側面ともに三間です。法隆寺中門の基壇規模は東西一八・二メートル、南北一四メートルで、建物は正面四間、側面三間です。川原寺中門の基壇規模は東西約一四メートル、南北約一〇メートルで、建物は正面三間、側面二間です。これら飛鳥時代諸寺の中門はいずれも楼門でした。

吉備池廃寺の中門基壇は、これら諸寺の中門基壇と比べてかなり小規模です。中門は仮設的なものであったのでしょうか。なお、中門は二つ設けられ、塔の東南方にもあったかもしれません。その当否は今後の課題です。

回廊は一部分ですが、南面回廊・西面回廊・東面回廊が発見されています。南面回廊は中門に取り付いており、基壇幅五・六メートルで、南北に幅約一・三メートルの石組雨落溝を伴っています。西面回廊は、塔基壇の西約二六メートルに位置しており、基壇幅は約六メートルであることが分かりました。東面回廊は、金堂基壇の掘込地業の東一三メートルほどの位置にあり、回廊西側の石組雨落溝が発見されています。

飛鳥時代諸寺の回廊は単廊であり、たとえば山田寺回廊の柱間は、梁行・桁行ともに約三・八メートルです。川原寺の回廊もほぼ同規模であり、藤原京薬師寺回廊の柱間も三・七メートルほどの規模です。吉備池廃寺の回廊基壇幅は、これら諸寺の回廊基壇に比べて幅がやや狭いようです。中門と同様に仮設的なものであったのでしょうか。

西面回廊と東面回廊が発見されたことで、回廊の東西幅は回廊の中心間で約一五八メートル、外側の石組雨落溝間の距離は、約一六四メートルであることが明らかになりました。後に述べる文武朝大官大寺の回廊の東西幅は一四四メートルですので、その規模を超えています。南北幅は分かっていませんが、回廊範囲がたいへん広大であったことは疑いなく、この点も寺院の性格との関連でたいへん注目されます。

ちなみに、飛鳥寺の回廊範囲は東西幅約一一〇メートル、南北長八五メートルであり、川原寺回廊の東西幅は約七五メートルで、南北長は約四六メートルです。山田寺回廊は東西幅八四メートル、南北長八七メートルであり、法隆寺では東西幅九〇・五メートル、南北長六三メートルです。吉備池廃寺の回廊範囲がいかに広大なものであったかが分かります。

南門跡は中門跡の南三〇メートルほどのところにあり、基壇北側の石組雨落溝と南側の石組雨落溝と見られる遺構が見つかっています。基壇の大きさは、東西一八メートル、南北一五メートルほどと推定されています。基壇土は一部が残っているだけで、大きく削平されていました。なお、北側の石組雨落溝は幅三〇センチ、南側石組雨落溝は幅五五センチほどです。

基壇や石組雨落溝は天武朝頃の土器を含む整地土で覆われており、南門も天武朝頃には解体され廃絶したことが分かります。

講堂はまだ発見されていません。吉備池の北岸付近にはかなりの量の瓦が散布していますので、この辺りに講堂があったのでしょう。飛鳥時代の早い時期に建立された寺院では、講堂は金堂と塔の一画の北を限る北面回廊の北に配置されています。吉備池廃寺も同様であったと考えられますが、その確認は今後の課題です。

僧坊の発掘

金堂の北方六七メートルと八〇メートルの地点では、僧坊と考えられる二棟の東西棟掘立柱建物が発見されています。二棟は南と北とに並んで建てられています。

南側の掘立柱建物は、東西十一間（総長二八メートル、柱間二・五メートル）、南北二間（総長五・四メートル）の東西棟建物で、柱穴は二メートル×一・五メートルと巨大です。柱は径三〇～三五センチと太く、ほとんどの柱穴に柱抜き取り穴が重複しており、建物は解体されたことが分かります。

図6　南側僧坊跡（奈文研提供）

北側の掘立柱建物は、東西六間以上（柱間二・七二メートル）、南北一間（総長五・四五メートル）の東西棟建物で、柱穴は南北二・八メートル、東西一・七メートルと巨大で、深さも一・五メートルを測る深いものです。柱は主柱と添柱とがあり、主柱は径五〇～六〇センチメートルと太く、添柱も径三〇センチメートルと太いものです。すべての柱穴に柱抜き取り穴を伴っており、建物が解体されたことが確認できます。柱穴の埋土からは、七世紀中頃の土器、また、柱抜き取り穴からは七世紀後半の土器が出土しており、この建物は七世紀中頃に建設され、七世紀後半に解体されたことを示唆しています。二棟の建物は短期間使われただけで、その役割を終えたようです。柱を抜き取っているのは、柱材を別の所で再利用するためであったからでしょう。

二棟の大型掘立柱建物は、同時に存在した僧坊と考えてよいでしょう。未発掘地の西側対称位置にも同様の僧坊建物が存在した可能性があります。

寺域を限る施設については、南門が明らかになっただけで、東と西、北を限る施設についてはまだ発見できておらず、寺域の範囲は分かっていません。ただ、寺院関係遺構の分布状況から、寺域は、東西が一八〇メートル以上、南北は一六〇メートル以上の広大な範囲に及んでいたことは明らかです。

吉備池廃寺の性格と寺名

堂塔などの特徴

ここでは吉備池廃寺での発掘成果をまとめつつ、その諸特徴や創建年代と廃絶年代を検討した上で、吉備池廃寺の寺名について考えることにします。

まず、伽藍配置は、東に金堂、西に塔を並列する法隆寺式であったことが明らかになりました。その最も古い例と言えるでしょう。法隆寺式伽藍配置が採用されていることの寺院史上の意義については、後に述べることにしましょう。

金堂と塔の間の距離は、建物中心間で八五メートル（高麗尺で二四〇尺）であり、間隔が異様に広いことが注目されます。法隆寺は吉備池廃寺と同様の伽藍配置をとっていますが、金堂と塔の間隔は三一・五メートルであり、吉備池廃寺ではその約二・七倍と大きく離れているわけです。

それは金堂や塔の建物が法隆寺に比べてはるかに大規模であったことと深く関わっています。すなわち、金堂基壇は東西三六メートル、南北は二四・五メートルで、南側張出部を含めると南北幅は二八メートルとなります。飛鳥時代諸寺の金堂、たとえば飛鳥寺中金堂の基壇は東西二一・二メートル、南北一七・五メートルであり、山田寺の金堂基壇は東西一九・五メートル、南北一六・八メートルですから、吉備池廃寺の金堂は、これら飛鳥諸寺の金堂基壇に比べて桁違いに大きなものであったわけです（次頁図８）。飛鳥・藤原京時代では、藤原京大官大寺金堂がこれを凌駕するだけです。金堂基壇が巨大なものであったことは、この寺の性格や寺名に関連する

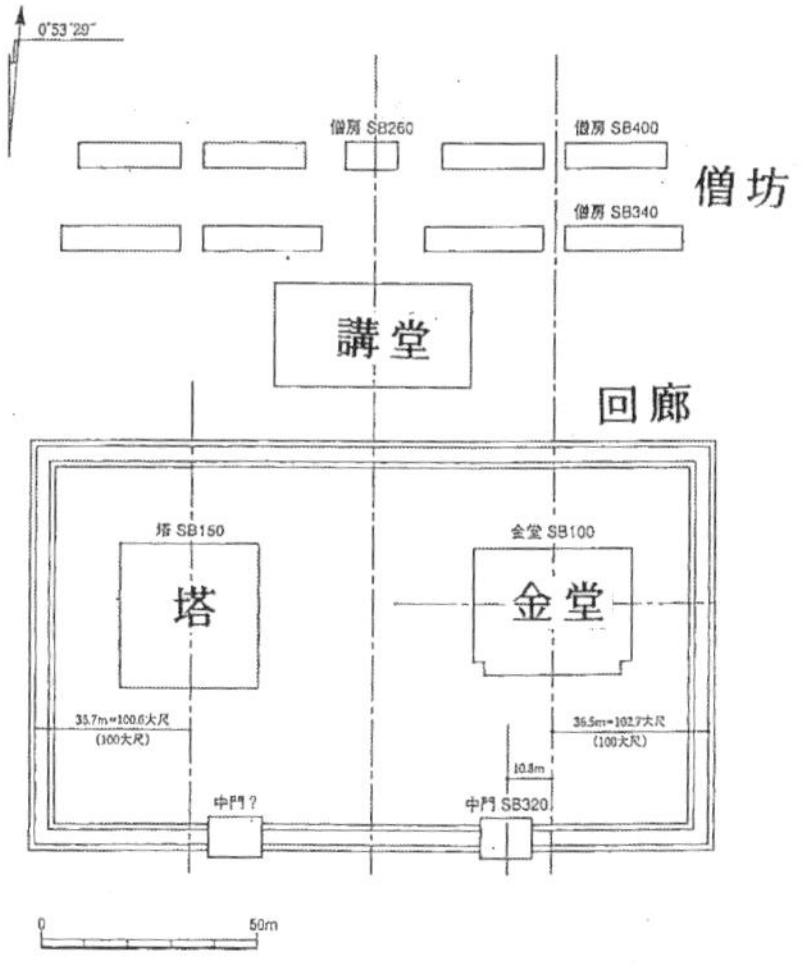

図７　百済大寺の伽藍復原図
（奈文研図に加筆）

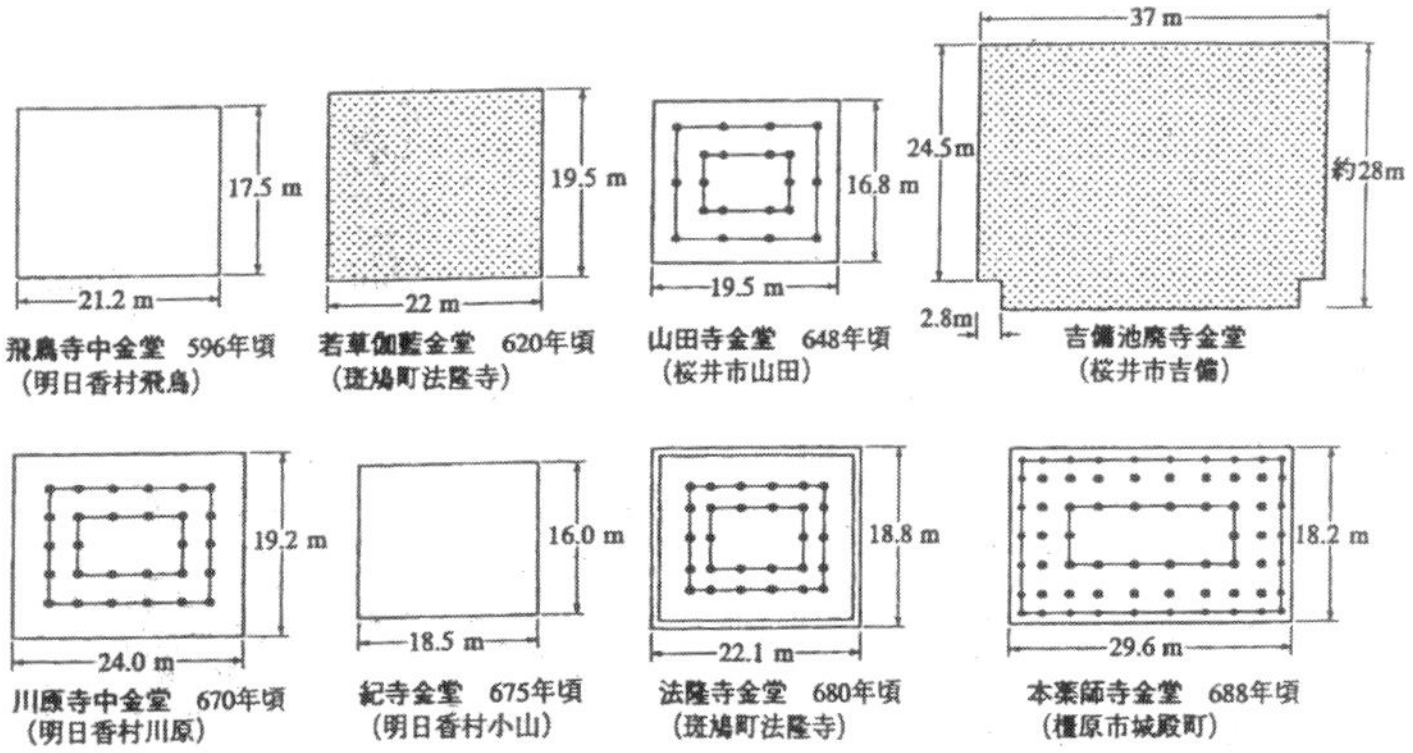

図８　飛鳥時代諸寺の金堂規模比較（網目は掘込地業）

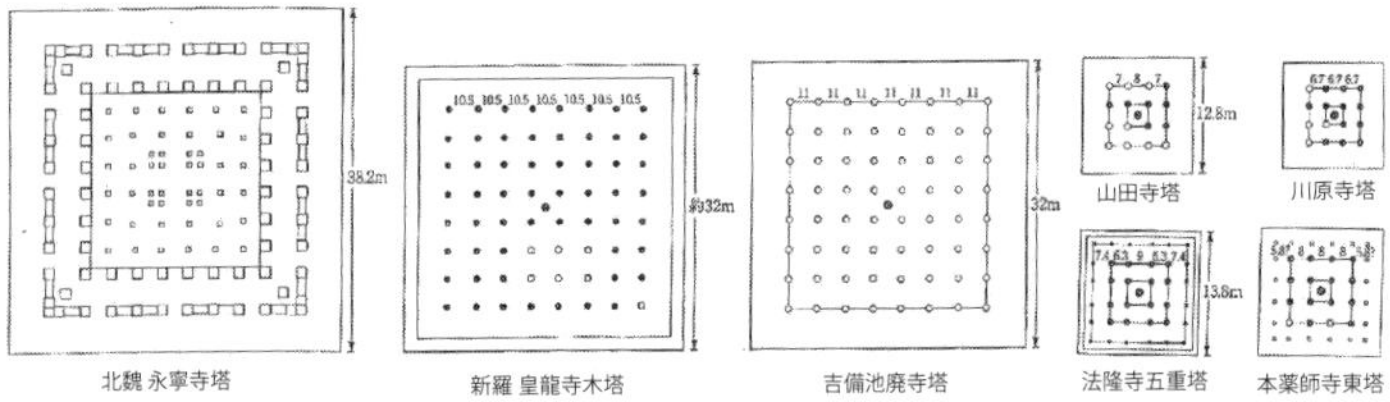

図９　古代東アジア諸寺の塔規模比較

大きな特徴と言うことができます。

金堂基壇の間口と奥行の比は、吉備池廃寺金堂では一〇〇：七五です。飛鳥諸寺の場合は一〇〇：八〇ほどであり、ともに四角い平面形です。飛鳥諸寺の金堂建物は間口五間、奥行四間が普通であり、吉備池廃寺金堂も五間×四間の建物と復原できるでしょう。そして金堂周辺からは小型瓦片が出土しましたから、裳階付きであったと考えることができます。

塔基壇も金堂基壇と釣り合いをとるように、方三〇メートル、高さ二・三メートルと巨大なものでした。飛鳥・藤原京時代諸寺の塔基壇は方一二メートルほどであり、塔初層の一辺長は六・五メートルほどです。いっぽう、東大寺の東西の七重塔では、基壇は方二四メートルであり、塔初層の一辺長は一六・五メートルと巨大なものです。後に延べる文武朝大官大寺塔では、基壇は未完成でしたが方三五メートルであり、塔初層の一辺長は一五メートルでした。吉備池廃寺の塔は飛鳥諸寺の塔をはるかに凌駕しており、東大寺七重塔や文武朝大官大寺九重塔と並ぶ巨塔であったと推定できます。

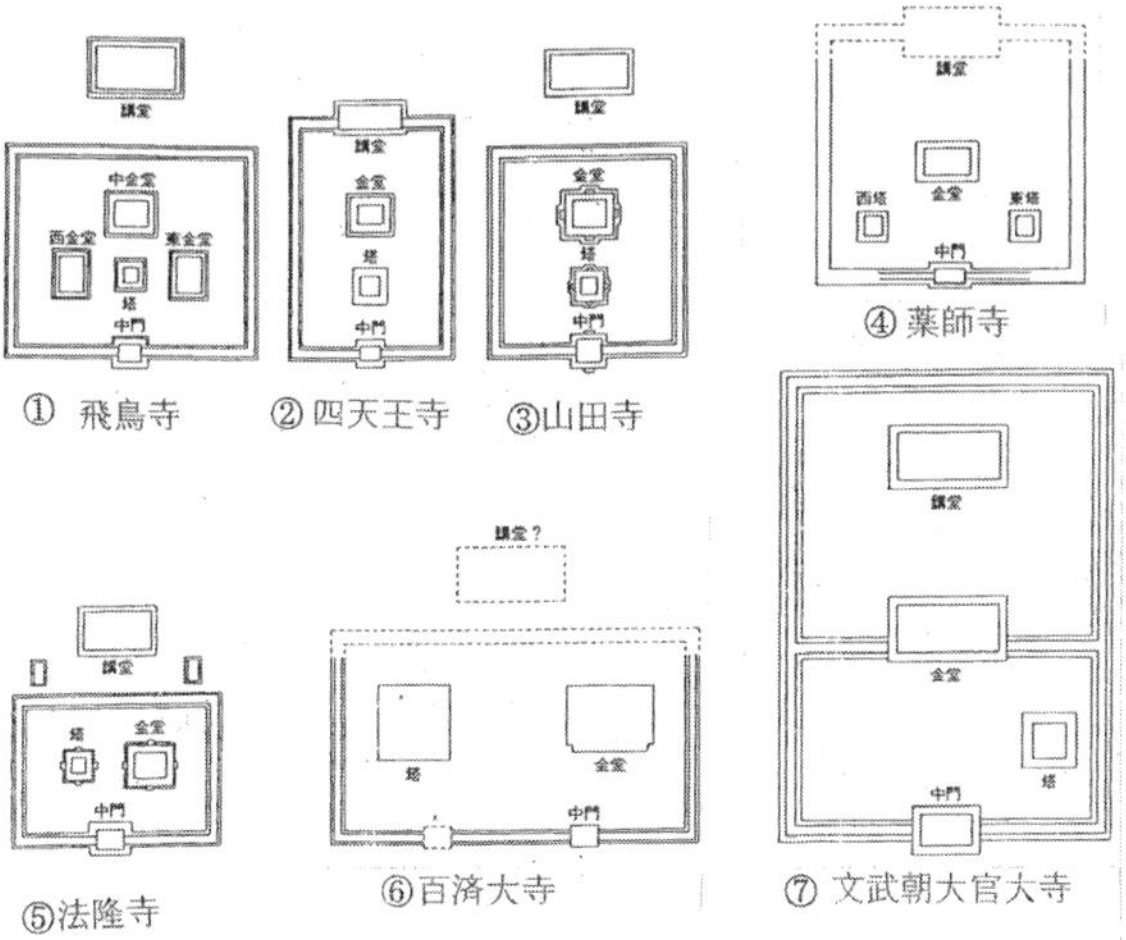

図 10　飛鳥・藤原京諸寺の伽藍規模比較

　金堂・塔が壮大であることとあいまって、金堂・塔を囲む回廊の範囲も東西回廊の中心間で約一五八メートルと飛鳥諸寺の回廊範囲を大きく超えています。吉備池廃寺は、飛鳥諸寺に例を見ない大伽藍として建設されたのでした。

建立年代と廃絶年代

造営年代については屋根瓦から推定できます。軒丸瓦は、山田寺金堂創建瓦と類似する重弁単弁文を飾るもので、それは山田寺創建瓦よりやや先立つ特徴を備えています。山田寺金堂の造営は『上宮聖徳法王定説』裏書や、山田寺跡の発掘成果から、六四三年頃であったと考えることができます。

いっぽう、吉備池廃寺の忍冬唐草文軒平瓦は、若草伽藍（斑鳩寺）の造営に使われた型押し忍冬唐草文軒平瓦と同じ笵型で造られたものでした。吉備池廃寺の瓦生産に当たって斑鳩寺の造瓦工人、あるいは造瓦組織が関わったのでしょう。若草伽藍は聖徳太子時代に金堂が建てられ、塔などは山背大兄王の時に完成したと考えられます。型押し忍冬唐草文軒平瓦は山背大兄王の時の造営に使用された軒平瓦と考えることができるものです。

皇極二年（六四三）、山背大兄王は蘇我入鹿の攻撃を受けて斑鳩寺で自害し、この時、上宮王家一族は滅んでしまいます。したがって、斑鳩寺の建物に型押し忍冬唐草文軒平瓦が葺かれたのは、六四三年以前と限定することができます。

このように、吉備池廃寺の軒丸瓦や軒平瓦の年代は、山田寺金堂が建立され、また、山背大兄王が自害に追いやられた六四三年以前であり、それを大きくは遡らない時期のものと推定できるわけです。また、金堂は、七世紀前半中頃に建てられた掘立柱建物を解体して造営されていました。これも以上の年代観を補強します。

吉備池廃寺は飛鳥諸寺をはるかに超える壮大な伽藍であり、大寺と呼ぶに相応しい内容を備えたものでした。また、瓦などから窺える創建年代も、六三九年に舒明天皇によって造営され、舒明天皇崩御後、六四二年に皇極天皇によって造営が進められた百済大寺の年代とよく合致しています。吉備池廃寺こそ百済大寺であったと考えることができるわけです。

金堂・塔、それを囲む回廊があり、金堂周囲は砂利敷で整備されていましたし、中門と南門も造営されていました。僧坊と見られる建物もあり、伽藍はかなりの程度整備されていたと見ることができるでしょう。他方、回廊や中門・南門の建物は、やや小規模な感を免れません。仮設的なものであったのかもしれません。

この大寺はいつ、どのように廃絶したのでしょうか。まず注目されるのは、軒瓦が創建瓦の組合せに限られており、より新しい瓦が全く見られないことです。吉備池廃寺は創建後、短期間で命脈を終えた可能性があります。

廃絶の要因と寺院の性格・寺名

金堂や塔、その周囲では焼けた瓦や焼土は全く出土していません。堂塔が焼失した場合、普通、その周囲に大量の焼瓦や焼土が堆積して発見されます。たとえば、山田寺では、堂塔が全焼して屋根瓦が落下して、基壇の周りなどに厚く堆積しており、瓦の出土量は実に膨大な量にのぼりました。吉備池廃寺の場合は、焼けた証拠は全く認められず、火災によって廃絶したとは考え難いのです。

この点に関連して注目されるのは、礎石や基壇化粧石が全く残っていなかったことです。塔の心礎が抜き取られ、また僧坊建物も柱が抜き取られ解体されていました。軒瓦の出土量は極めて少量で、丸・平瓦もごく少量しかなく、しかも小破片に限られていました。

こうした事実は、堂塔などが別の場所に移築された可能性を示唆しています。瓦が少なく、しかも小破片ばかりであることは、再利用できる瓦は他に運ばれ、利用できない状態の瓦だけがとり残されたからではないでしょうか。

さて、橿原市木ノ本町にある木ノ本廃寺では、吉備池廃寺と同笵の軒丸瓦・軒平瓦、共通する丸・平瓦がかなりの量発見されています。小型瓦も含まれています。瓦は大きな破片が多く、その残存状況は吉備池廃寺よりも良好です。より新しい七世紀後半の軒瓦や塼《せん》仏《ぶつ》も出土しており、木ノ本廃寺では、七世紀後半にも造営工事が行われていたと考えることができるのです。

さて、『日本書紀』や『大安寺伽藍縁起』の記事に、百済大寺は、天武二年（六七三）に高市の地に移して「高市大寺」となったとあることは先にも述べました。そして『日本書紀』天武二年条には、「造高市大寺司」を任命した記事が見えます。百済大寺は、天武天皇によって高市の地に移され、大々的に造営工事が行われたことを窺わせます。

吉備池廃寺での発掘成果によると、吉備池廃寺は七世紀後半、その地での役割を終えて、礎石や基壇化粧石、柱材、屋根瓦などの建築資材は別の場所に移された可能性が示唆されました。これまでのところ木ノ本廃寺では、吉備池廃寺と同笵の軒丸瓦・軒平瓦、共通する丸・平瓦、小型瓦が発見されているだけですが、木ノ本廃寺は吉備池廃寺の移建先の有力候補、すなわち「高市大寺」である可能性が高いと言うことができます。吉備池廃寺が木ノ本廃寺へと移建されたのであれば、吉備池廃寺こそ百済大寺であった可能性が強くなります。木ノ本廃寺については、後でもう一度取り上げましょう。

吉備池廃寺付近の地名も注目されます。吉備池の西北方の隣接地に春日神社がありまして、その付近に小字「カウベ」、あるいは「コヲベ」「高部」の地名が残っています。先に見たように、『大安寺伽藍縁起』には、「百済川辺に九重塔を造営するにあたって、子部社を切り開いて造営したために社神の怨みをかって、九重塔と金堂の石鴟尾を焼いた」との記載があり、また、平安時代の正史である『日本三代実録』元慶四年（八八〇）条にも、「百済大寺は小部大神の近傍にある」とあります。春日神社付近に残る「カウベ」「コヲベ」「高部」の小字名は、記録に見える「子部社」・「小部大神」と関係があるように思われます。いずれにしても、付近の地名も吉備池廃寺が百済大寺であったとする考えを補強していま
す。

このように、吉備池廃寺の発掘は、この寺跡が最初の天皇発願の寺、百済大寺であるこ

とを明らかにする大きな成果をもたらしました。とはいえ解決すべき課題は多々残されています。たとえば、『大安寺伽藍縁起』には、百済大寺の九重塔・金堂は造営後間なしに焼亡したとありますが、『日本書紀』には焼亡した記載がなく、また、発掘でも寺が焼けた痕跡を認めることはできませんでした。焼亡は単なる伝承に過ぎないのかどうか、明らかにする必要があります。

また、『日本書紀』皇極元年（六四二）の記事には、百済大寺を造営し、造寺司を任命したとありますが、この記事は舒明朝における九重塔などの「焼亡」と関連するのかどうか。舒明天皇が造営した百済大寺は完成はせず、皇極天皇によって造営が続けられ、完成に至ったということなのか。まだまだ、多くの課題が残されているわけです。

発掘した範囲は限られており、講堂やその他の施設、さらに寺院の周囲を限る施設なども明らかになっていません。さらなる計画的な発掘調査が望まれます。

百済大寺跡発見の古代史研究上の意義

新しい伽藍配置の採用

ここでは、発掘成果をまとめつつ、百済大寺発見の古代史研究上の意義について考えることにしましょう。

百済大寺の伽藍配置は、東に金堂、西に塔を並列する法隆寺式であることが確認されました。従来、法隆寺式伽藍配置は、六七〇年頃造営の現法隆寺西院伽藍が最も古い時期のものとされ、七世紀末から八世紀初め頃に法起寺式とともに普及した伽藍配置であり、地方寺院そして氏寺で採用された伽藍配置と考えられてきました。

百済大寺での発見によって、同伽藍様式は、七世紀中頃以前に始まっていたことが明確になったのです。法隆寺式伽藍は奈良県阿倍寺や同尼寺廃寺でも確認されており、これらもその創建時期は、七世紀中頃まで遡ることが明らかになっています。氏寺系普及型配置とする考えも、最初の天皇発願の寺で採用されていることが明らかになったことによって、さらなる検討が必要になってきています。

七世紀前半期の伽藍配置は、中門・塔・金堂・講堂が南北一直線に並ぶ山田寺式・四天王寺式、つまり百済様式が主流でした。百済大寺は、百済様式伽藍流行期に造営されたものですが、その伽藍は、従来の百済様式とは異なる金堂と塔とを東西に対置する新しい伽藍様式が採用されたのです。最初の天皇発願の百済大寺で新様式の伽藍が創出されたと見てよく、この点にも百済大寺建立の大きな歴史的意義があるように思われます。

文字史料には、百済大寺では九重塔が建立されたとありますが、発掘調査によって、壮大な塔基壇が発見され、九重塔の建立は疑いようがなくなりました。

六・七世紀の東アジア社会では、皇帝や王が発願した国寺では、鎮護国家仏教の象徴として、木造九重塔が建立されています。天皇発願の最初の寺院・百済大寺での木造九重塔の建立もその流れを汲むものと見ることができるでしょう。この点については後にさらに詳しく取り上げたいと思います。

聖徳太子との関わり

吉備池廃寺、すなわち百済大寺が、聖徳太子ゆかりの斑鳩寺、そして法隆寺と深い関係にあったと見られることも注目されます。百済大寺所用の軒平瓦は、聖徳太子ゆかりの斑鳩寺、さらに四天王寺の所用瓦と同笵であり、伽藍配置も法隆寺と密接な関係が認められます。どのような理由があったのでしょうか。

『大安寺伽藍縁起』によると、百済大寺は聖徳太子造営の熊凝精舎に端を発し、舒明天皇が聖徳太子の大寺建立の遺言によって建立したと伝えられており、聖徳太子と百済大寺の造営との深い関わりを窺わせるのです。同笵の軒平瓦があるように、百済大寺の造営にあたって、実際に斑鳩寺の造瓦工人組織が関与したようです。

また、百済大寺の造営地は、聖徳太子が青年期まで過ごした用明天皇の「磐余池辺双槻宮《いわれいけのへのなみつきのみや》」の「南上殿」(「上宮」)に近いことも注目されます。近年、百済大寺の南西方一キロメートルほどのところで、「磐余池」跡の大きな堤防跡が発見されました。百済大寺、そして百済大宮は、六世紀代に天皇の宮殿が営まれた磐余の中心地、そして聖徳太子ゆかりの地に造営されていることを注目しないわけにはいきません。

また、百済大寺の西方約一キロメートル、橿原市膳夫町に膳夫《かしわて》寺跡が所在します。膳夫寺は天武・持統朝頃建立の膳臣の氏寺と考えられる寺院です。聖徳太子が寵愛した妃に膳《かしわ》部菩岐岐美郎女《でのほききみのいらつめ》がおりますが、膳氏の拠点が聖徳太子ゆかりの磐余の地にあったと考えられることも興味を引きます。

『日本書紀』皇極元年（六四二）九月条によると、百済大寺の造寺司に阿倍倉橋麻呂が任命されています。阿倍氏の本拠地は阿倍の地で、そこには阿倍倉橋麻呂が造営した可能性が高い阿倍寺跡があります。阿倍寺跡は、百済大寺の南東一キロメートルに位置しており、両寺は極めて近い位置関係にあることが注目されます。阿倍寺は七世紀中頃の造営で、伽藍配置は百済大寺と同じ法隆寺式であり、創建期の軒丸瓦も百済大寺の軒丸瓦と類似した特徴を備えています。百済大寺との深い関わりを窺わせるのです。阿倍倉橋麻呂は百済大寺の造寺司での経験を踏まえて阿倍寺を造営したのではないでしょうか。

飛鳥の京・藤原京との関わり

百済大寺は香具山東北方の磐余の地、それもその中心地に造営されていました。このことは、飛鳥の都の範囲やその構造、さらには新益京《あらましのみやこ》（藤原京）の成立過程や構造を理解する上でもたいへん興味深い点です。宮都が磐余の地から飛鳥に移った後の磐余の地は、どう変わり、飛鳥の都との関わりで、どのような役割を担う場所となっていたのでしょうか。

舒明朝における磐余の地は、百済大宮と百済大寺とが営まれており、再び飛鳥と並ぶ政治・文化の中心地として復活したのではないでしょうか。舒明天皇崩御後、百済大宮は廃され、宮殿は飛鳥盆地に戻りましたが、百済大寺は皇極天皇によって造営が続けられ、伽藍が整えられています。天智天皇も百済大寺に仏像を施入するなど、その後も百済大寺は国の大寺として維持されています。

天武・持統朝には、磐余の地やその周辺には、大津皇子・高市皇子・穂積皇子など天武天皇の皇子たちが宮を構えています。大津皇子の「訳語田舎《おさだのいえ》」は『懐風藻』の臨終の詩などから磐余の地に所在したことは明らかです。高市皇子の「香来山宮《かぐやまのみや》」は、香具山西北麓の地にあり、穂積皇子の宮もその近くに所在したようです。壬申の乱で活躍した大伴吹負の百済家は香具山北方で、耳成山東方の地にあったと考えられます。この辺り一帯は飛鳥・藤原京時代には大伴氏の拠点の地であったようです。

このように見てくると、磐余やその周辺の地は、斉明五年（六五九）には存在したと推定できる飛鳥の「京」、すなわち壬申の乱の記事に「倭京」とあり、天武朝の「京師」などと記された飛鳥の「京」内に含まれていたと考えることができるのです。

わが国最初の条坊制を備えた政治都市・「新益京」（藤原京）は、百済大寺廃絶後、その跡地を含む磐余の一部をその京域に取り込んで建設されました。つまり、新益京は天武朝までにすでに飛鳥の京域であった所を含めて、条坊制都城が整えられたようです。「新益京」は前段階の都市域を踏まえてそれを基に都市構造を整えて成立してきたと考えることができるのです。百済大寺の造営は、その後の歴史、そして宮都構造に大きな影響を及ぼしたことは疑いありません。

舒明天皇時代の再評価

文献史料から窺える舒明天皇時代

舒明天皇は、津国の有間温湯や伊予温湯宮にたびたび出掛けたことも関わってか、その歴史的評価はあまり高いとは言えません。百済大寺が発見され、その伽藍が壮大なものであって、初めて九重塔が建設されたことが明確になったことは重要です。舒明天皇時代の歴史的意義について改めて問い直す必要が出てきたように思います。

まず、舒明天皇は飛鳥盆地南部の「飛鳥」の地に飛鳥岡本宮を営んでいます。狭い意味での飛鳥の地に営まれた最初の宮殿です。これが契機となって、歴代天皇は宮殿を飛鳥の地に営むようになり、その場所が固定化していきます。

舒明天皇は、飛鳥岡本宮が焼失したために、田中宮や厩坂宮の仮宮を転々とした後、磐余の地に百済大宮を建設して遷り、そして大宮と並んで百済大寺を建設しています。

百済大宮と百済大寺とは「西の民」と「東の民」を徴発し、大匠に書直県を任命して造営が進められています。皇極元年（六四二）の百済大寺の造営では、近江と越との「丁」が徴発され、造寺司に阿倍倉橋麻呂と穂積百足とが任命されています。

舒明紀の「西の民」と「東の民」とは、皇極紀に見える「丁」に相当するもので、それは律令制下における「仕丁」につながるものです。先にも述べましたように、律令制下の「仕丁」は、諸国の成人男子に税として課した課役で、諸国の里から民衆が徴発され、土木建設工事などの労役や都での雑用などに従事させる制度として確立した制度です。つまり、百済大宮と百済大寺の造営には官の組織があたり、律令制下で確立する「丁」が徴発されて建設工事が進められたわけです。

飛鳥の諸宮は、造営開始後、数ヵ月程度で遷宮されているのに対して、百済大宮の造営には一年三ヵ月の長期間を要していることも重要です。百済大宮は壮大な宮殿、画期的な宮殿として建設されたのではないでしょうか。そして、舒明天皇によって百済大寺の大伽藍と、国家仏教の始まりを象徴する九重塔が建造されます。百済大寺の造営を契機に仏教は国家仏教へと歩み出して行きます。壮大な宮殿と大寺の造営とは相関しており、画期的な政治を推し進めようとした舒明天皇の意図を指し示しているのではないでしょうか。

東アジア諸国との外交・交流も活発化しています。とくに注目されるのは、舒明天皇によって初めて遣唐使が派遣されていることです。唐の先進的な政治制度や文化を積極的に取り入れようとしたのです。また、推古朝に派遣された僧旻や南淵請安、高向玄理など遣隋留学生や留学僧が隋そして唐で長期の留学生活を終えて帰国してきます。彼らは隋唐の最先端の政治・社会制度、律令の知識、文化・技術を伝え、政治のブレーンとして、舒明・皇極朝、そして乙巳の変後の、いわゆる「大化改新」の時代をリードし、その改革の推進に大きく貢献することになります。朝鮮半島諸国との交流も盛んで、百済や高句麗・新羅から、朝貢使が派遣されてきています。

官人の宮殿への出退の刻限を明確にしようと試みられたことも注目されます。これは官僚層の増加やその整備と関わる制度で、律令制下の朝参時刻制につながる施策です。

また、南は屋久島へ使者を派遣して屋久島の人々を帰化させ、北は蝦夷征討軍を派遣して、蝦夷に朝貢させるなど、南北に服属地を拡大していることも注目される政策です。

考古学の成果に見る舒明天皇時代

舒明朝の歴史的意義に関わる考古学上の大きな成果としては、百済大寺が最初の国家寺院に相応しい大伽藍として造営されたことが明らかになったこと、そして、舒明天皇陵で初めて「八角形墳」が採用されたことが明確になったことが挙げられます。

宮内庁は奈良県桜井市大字忍阪字段ノ塚にある段ノ塚古墳を舒明天皇陵に治定《じじょう》して管理

していまして、考古学的にもこの治定は支持されています。

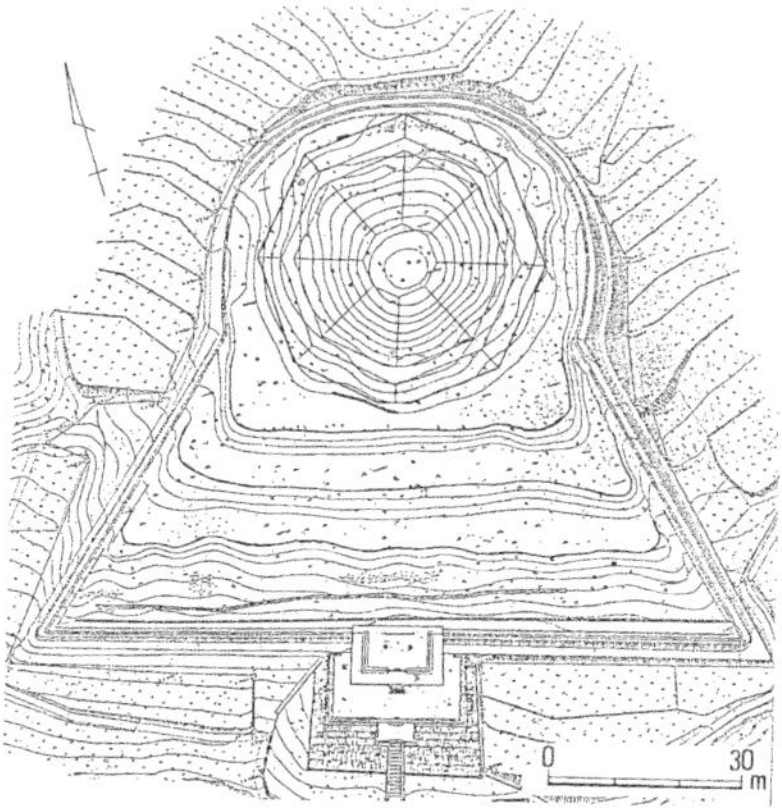

図 11　舒明天皇陵（段ノ塚古墳）図

段ノ塚古墳は、外鎌山から南へ派生する支丘の南斜面の南端を利用して、北側で支丘を切断して築かれています。『延喜諸陵式』には、これは平安時代に定められた諸陵の管理に関する規定ですが、この中に「押坂内陵。高市郡岡本宮御宇舒明天皇、在大和国城上郡、兆域東西九町、南北六町、陵戸三烟」とあります。また、宮内庁が編纂した『陵墓要覧』には、段ノ塚古墳を舒明天皇押坂陵とし、その墳形は上円下方墳で、舒明天皇とその父母の押坂彦人大兄皇子と糠手姫皇女を合葬したと記載しています。

段ノ塚古墳は、宮内庁の調査によって三段の壇上に八角形墳を築いていることが明らかにされています。八角形墳は対角線間の距離約四六メートル、対辺間の距離は約四二メートルの大きさで、一辺の長さは約一九・七メートル、高さは約一三・五メートルを測るとあります。八角形墳丘は二段に築かれており、段は墳頂から四・五メートル下に築かれていると報告されています。墳丘斜面は室生安山岩、いわゆる榛原石の板石を二八〜三四度の

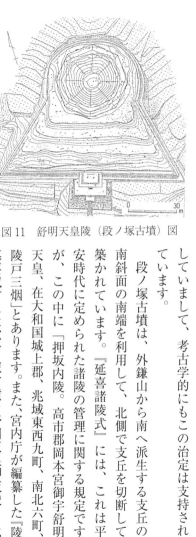

角度で段状に積んで化粧されており、後に述べる小山田古墳の墳丘の板石積み化粧と共通していることが注目されます。なお、南正面は上段・下段ともに隅切りの形になっているようです。

八角形墳の下方の前方は三段の方形状の壇状に整えられています。下段の壇の下辺幅は九〇メートル余で、正面側の斜面に花崗岩巨石による貼石が露出しています。中段の壇の下辺幅は七〇メートルで、高さ四メートルの斜面に貼石が認められます。上段の壇は下辺幅五六メートルで、やはり貼石が施されている可能性があります。全体の平面形は前方後円墳のような形に見えますが、方形壇のうち少なくとも中・下段は、幕末に修陵した時に付加された可能性が高いとされます。なお、埋葬施設については不明ですが、八角形墳正面の隅切り部の奥に横穴式石室があると推定されています。

八角形墳は舒明天皇陵で初めて採用されて以降、斉明天皇陵（牽牛子塚古墳）、天智天皇陵、天武・持統天皇合葬陵、文武天皇陵（中尾山古墳）と歴代の天皇によって天皇特有の墳丘形態として引き継がれています。段ノ塚古墳は、舒明天皇の崩御後に築造されたものですが、八角形の墳丘は、新しい天皇像を求める舒明天皇の遺志によって創出されたものと見ることができるでしょう。

八角形墳は、古代中国の道教的な政治・祭儀思想に基づいており、たとえば、漢の武帝は八角壇を築いて、地の祭りを行っています。天皇の亭は八角亭であり、天子・天皇の舞楽は八人八列で行う八佾《やつら》舞でした。八佾舞は中国の習俗で、天子のみが催すことができる舞楽に起源しています。『日本書紀』皇極元年（六四二）条によると、蘇我大臣蝦夷が祖廟を葛城の高宮に立てて、天皇にしか許されない八佾舞を行ったという記事が見えます。後に、天皇の権限をないがしろにする専横ぶりが蘇我氏滅亡の誘因の一つになったことはよく知られています。

また、天皇の即位・元旦朝賀の儀式などで天皇が着座する玉座を納める八御座は、三段の方形壇上に黒漆塗りの八角形屋形を乗せた形に作られています。「八」は天皇を象徴する数で、それは「天皇」称号の成立とも深く関わっていると見ることができるでしょう。八角形墳の創出は、天皇絶対化への動きの中で大きな画期として評価できるでしょう。

舒明天皇の皇子の天智天皇と天武天皇とによって、統一国家づくりは大きく進展しますが、父・舒明天皇の政治はその助走とも言うべきもので、天智・天武朝の政治への影響を考慮すべきではないでしょうか。

このように、舒明天皇時代は新しい時代の始まりへの画期として再評価する必要があるように思います。百済大寺と九重塔の造営は、舒明朝の政治を象徴的に示す大きな歴史的意義を持っていると評価すべきでしょう。

小山田古墳と舒明天皇初葬陵

『日本書紀』皇極元年（六四二）十二月二十一日条には、舒明天皇を「滑谷岡《なめはざまのおか》」に埋葬したという記事があります。舒明天皇の初葬陵です。舒明天皇は翌年の皇極二年九月六日に、「押坂陵」に改葬されます。「滑谷岡」はどこであったか分かっていませんし、初葬陵の場所も明らかではありませんが、飛鳥のどこかにあると考えられています。

近年、明日香村川原で小山田古墳が発見されました。小山田古墳は甘樫丘から南西に延びる舌状尾根の南端に築かれています。古墳の東西には小谷があり、風水思想に基づいて造営された状況を示しています。

小山田古墳は北辺推定長七二メートル、南辺推定長八〇メートル余の大方墳で、飛鳥最大の方墳です。ちなみに石舞台古墳は一辺五五メートルほどの方墳で、小山田古墳はそれを大きく凌駕する規模ということになります。

北辺には断面逆台形状の石貼溝があり、溝は底幅三・九メートル、上幅七メートルほどと復原できます。墳丘の北辺裾部は、室生安山岩、いわゆる榛原石の板石を墳丘側に傾斜するように積んで化粧しています。その様子は段ノ塚古墳の墳丘の積石状況と共通していることが注目されます。北辺溝の底面は川原石を敷き詰め、外側斜面は川原石の貼石で化粧しています。

墳丘南端の中央部で、横穴式石室の痕跡が発見されました。横穴式石室は南面して築かれており、羨道の側石を抜き取った跡と石組暗渠による排水溝が発見されました。羨道側石の抜き取り状況から、石室は石舞台古墳級の巨大な横穴式石室であったと推定できたのです。

小山田古墳の造営年代については、榛原石板石は飛鳥では七世紀中頃の古墳や寺院で使われること、段ノ塚古墳と共通する積み方であることなどから七世紀中頃の造営と判断できます。そして、北辺の貼石溝から出土した天武朝頃の土器によって、造営後、間もない頃に、古墳としての役割を終えたことが明らかになりました。石室の構築材が抜き取られている事実も、いつ抜き取られたかまでは特定できませんが、上記のことと関わっているのでしょう。

小山田古墳には誰が埋葬されているのでしょうか。舒明天皇の「滑谷岡」初葬陵説と、『日本書紀』の皇極元年（六四二）の記事に、「今来」の地に蘇我入鹿の「小陵」と並べて築いたとある蘇我蝦夷の「大陵」とする説とがあります。

「今来」とは、新しい渡来人達が住み着いた場所という意味の地名です。律令時代には、飛鳥は高市郡に所属しており、高市郡は今来郡とも呼ばれました。奈良時代後半、高市郡に住んでいた人々の八割は渡来系であったと伝えています。蝦夷の「大陵」と入鹿の「小陵」は、この今来郡のどこかに営まれたことは確かです。

小山田古墳＝蝦夷の「大陵」説では、小山田古墳の西方一五〇メートルほどのところにある菖蒲池古墳を入鹿の「小陵」と考えています。菖蒲池古墳では切石積みの横穴式石室と石室内に家形石棺が二基残されていますが、菖蒲池古墳も小山田古墳と同様に七世紀後半頃に古墳としての役割を終えていたようです。

小山田古墳と菖蒲池古墳を「大陵」と「小陵」とに比定する説では、両古墳が蘇我蝦夷と入鹿の邸宅が構えられた甘樫丘の続き地に築かれていることを大きな理由としてあげています。ただ、菖蒲池古墳の石室内に納められている二つの家形石棺の存在は、どのように説明できるのでしょうか。蝦夷墓説には、まだまだ、多くの問題が残されているように思います。

私は、舒明天皇の滑谷岡墓である可能性が高いと見ています。詳しくは触れませんが、舒明天皇とその時代の歴史的意義を高く評価するからです。飛鳥最大の方墳こそ舒明天皇陵として相応しいと考えるのです。

第二章　天武朝大官大寺と文武朝大官大寺

官寺制の成立と大官大寺

　第一章では、百済大寺の造営経過、発掘が明らかにした伽藍とその特徴、百済大寺建立の古代史上の意義などについて考えました。第二章では、百済大寺の法灯を継いだ天武朝大官大寺と文武朝大官大寺について考えることにします。

「はじめに」で述べましたように、明日香村小山の地にある大官大寺跡を発掘調査した結果、天武天皇建立の大官大寺と文武天皇建立の大官大寺とは別寺で、八世紀初頭頃には両寺が併存していた可能性が高いことが明らかになりました。本章では、主にこの発掘成果を紹介しつつ、その伽藍の特徴や建立の意義をまとめ、さらに発掘がもたらした新たな課題について考えることにします。

　天武二年（六七三）、百済大寺を高市の地へ移して「高市大寺」となり、天武六年（六七七）に「高市大寺」の寺名を「大官大寺」と改めたことは第一章で述べました。官寺とは、天皇が発願し、朝廷が造営経費を負担し、経営維持する寺院のことです。官寺では、護国を祈る国家的な仏教行事や天皇の病気平癒の祈願などが行われ、仏教統制や僧尼の任命や管理にもあたりました。官寺は、単なる宗教上の役割を果たすだけではなく、仏教の加護によって国家の安寧を導くという政治的性格の強い寺院でもあったわけです。

第一章で述べましたように、官寺の出発点は、舒明天皇発願の百済大寺にありますが、それは天武天皇による大官大寺の造営によってより明確になり、仏教は「国の宗教」として位置づけられていきます。飛鳥時代前半期の仏教と仏寺造営は、蘇我本宗家によって主導されていましたが、六四五年の蘇我本宗家滅亡後、仏教は官寺を中心に天皇家が主導するようになっていきます。

『日本書紀』の天武九年（六八〇）四月の記事によると、「国の大寺」たる二・三を除いて、官司が諸寺を管理、援助することを停止し、諸寺に与えられていた食封《じきふ》、つまり寺院経営のために支給されていた封戸は三十年を限るよう命令が出されています。すなわち、官寺を除いて、官司が諸寺を援助・補助することを停止する政策が取られたのです。

天武朝には、天皇勅願の大官大寺と川原寺、そして飛鳥寺が官寺と定められます。三大官寺の名前が、最初に『日本書紀』に見えるのは、天武十四年（六八五）に天武天皇の病気の平癒を願って大官大寺、川原寺、飛鳥寺で誦経を行ったという記事です。これ以降、三大寺で天武天皇の病気平癒を祈願した記事がたびたび見え、三大寺は朝廷の尊崇を集めます。そして、百済大寺に起源した大官大寺が、名実ともに国家筆頭の官寺に位置づけられます。

川原寺は飛鳥川左岸、斉明天皇が営んだ川原宮、そしてその殯が行われた川原の地に造営されています。天智天皇によって近江大津宮に遷る前の、おそらく六六〇年代に創建されたものと考えられます。川原宮の跡地に営まれているのは、天智天皇、そしてその弟の天武天皇が母帝の菩提を弔う意味があったからでしょう。それは「弘福寺《ぐふくじ》」という法号にも示されていると思います。

唐長安城の修徳坊に「弘福寺」という名前の寺院があります。長安の弘福寺は、唐の太宗（在位六一八～六四九年）によって、母の穆《ぼく》太后を追福するために建立された寺院です。川原寺は、唐様式を採用して造営されており、造寺の趣意を含めて唐の「弘福寺」に倣って造営されたものと考えられるのです。

なお、飛鳥三大寺のうち、大官大寺と飛鳥寺は平城京遷都に伴って平城京に移転していきます。それに対して、川原寺は移らず、そのまま飛鳥の旧地にとどまりました。川原寺は斉明天皇の菩提を弔う寺院として造営されたために、川原の地から移ったのでは造寺の趣旨が失われてしまいます。この点にこそ、平城京に移らなかった大きな理由があったと考えられるのです。

飛鳥寺は蘇我馬子が発願した蘇我氏の氏寺として始まりますが、蘇我氏滅亡後は、天皇家に接収されます。飛鳥寺は、元興寺や法興寺・法満寺という法号があり、仏法が初めて興った寺という記念されるべき大きな由緒を担っていました。飛鳥寺はこうした由緒と、仏教興隆に果たした大きな功績によって、官寺の扱いを受けることになったのです。

藤原京では、飛鳥三大寺に、天武天皇が皇后（持統天皇）の病気平癒を祈願して造営した薬師寺が加わって、四大官寺となります。薬師寺は、筆頭の大官大寺に次ぐ二番目の寺格を有する寺院に位置づけられていきます。

七世紀後半から八世紀初頭にかけて、各地で多数の寺院が造営されます。天武天皇の時の飛鳥には、二十四ヵ寺があったとあり、また、持統六年（六九二）には、全国に五四五ヵ寺が存在したと記録されています。これらの寺院は、東は群馬県・栃木県から、西は大分県・熊本県の範囲に分布しており、各地方の豪族層も競って寺院を造営するようになり、造寺活動は全国的に活発化しています。六世紀末に、日本最初の伽藍寺院の飛鳥寺が建設されて以来百年ほどの間に、全国各地で多くの寺院が建立されたのです。これらの多くは氏寺として造営されたものですが、やがてこれら地方寺院も国家仏教の方向に位置づけられていきます。

『日本書紀』『大安寺伽藍縁起』などから窺える大官大寺の造営経過

まず、『日本書紀』『大安寺伽藍縁起』などの記載によって、大官大寺の造営経過について、年代を追って見ておきましょう。

天武二年（六七三）　百済大寺を高市郡に移す（『大安寺伽藍縁起』など）。

天武二年十二月十七日　小紫美濃王、小錦下紀臣訶多麻呂を「造高市大寺司」に任命する（『日本書紀』『大安寺伽藍縁起』）。

天武六年（六七七）九月　「高市大寺」を改めて「大官大寺」と号す（『大安寺伽藍縁起』）。

天武十一年（六八二）八月　大官大寺で百四十人余が出家。寺僧に絁《あしぎぬ》、綿を施す（『日本書紀』）。

天武十三年（六八四）　天皇が病す。草壁皇子、勅を奉じて百僚を率いて大官大寺に詣でて、造営を続けることを誓願する（『大安寺伽藍縁起』など）。

天武十四年（六八五）九月　天皇不予の為、大官大寺・川原寺・飛鳥寺で誦経を行う（『日本書紀』）。

朱鳥元年（六八六）五月　大官大寺に食封七百戸、墾田九百余町を施入する（『日本書紀』）。

朱鳥元年七月　諸王臣等、天武天皇のために観音像を造り、大官大寺において観音経を説く（『日本書紀』）。

朱鳥元年十二月　先帝（天武天皇、九月崩御）のために無遮大会《かぎりなきおがみ》を大官・飛鳥・川原・小墾田豊浦・坂田の寺で行う（『日本書紀』）。

持統六年（六九二）　大官大寺に資財・奴婢を施入し、鐘を改鋳する（『扶桑略記』）。

以上のように、天武二年（六七三）に百済大寺を高市郡に移して高市大寺が建立されます。天武二年という年は、舒明天皇の三十三回忌、そして斉明天皇の十三回忌にあたっており、高市大寺は、天武天皇の父母帝が建立した百済大寺、つまり父母帝ゆかりの大寺を父母の追善事業として、また、朝廷寺院の象徴として高市の地に移すことによって成立したものと考えることができるのです。

『日本書紀』などによると、高市大寺の造営にあたっては小紫美濃王、小錦下紀臣訶多麻呂が「造高市大寺司」に任命されていますが、「小紫」は従三位の官位に相当し、「小錦下」は奈良時代の官位制では従五位上に相当しており、身分の高い人物が造寺の長官に任命されています。高市大寺は、本格的な大寺院を目指して計画され、造営が進められたと考えられるのです。

「高市大寺」の寺名は造営された場所の地名に基づいていますが、四年後の天武六年（六七七）九月、「大官大寺」と寺号を改めています。この寺名の変更には大きな意義がありました。飛鳥の諸寺は、法号とは別にその寺が造られた場所の古くからの地名に因んで呼ばれています。たとえば、飛鳥の地に営まれた飛鳥寺、川原の地に営まれた川原寺、百済川辺に営まれた百済大寺、高市の地に営まれた高市大寺などです。ところが、「大官大寺」はそうした造営地の地名による寺名を持っていないのです。これはたいへん際だった特徴ということができるでしょう。もっとも地名による寺名を持っていないために、寺跡の所在地を明らかにするのが難しいのですが。

「大官大寺」とは、諸寺を超越した唯一の「官の大寺」という意味であり、地名による寺名は必要ないということなのでしょう。「大官大寺」の寺号の成立は、天武天皇によって、国家仏教政策が大きく展開されたことを象徴的に示しているということができるでしょう。

天武十一年(六八二)八月には、大官大寺で百四十余人が出家しており、寺僧に絁、綿が施入されています。大官大寺は僧の任命・管理の役目を担っていたのです。天武十三年(六八四)には、天武天皇が病を患い、草壁皇子が勅を奉じて百僚を率いて大官大寺に詣でて、病気の平癒を祈願するとともに、造営を続けることを誓願しています。大官大寺はこの時点では、まだ完成していなかったのでしょうか。その後も、天武天皇の病気平癒を願い大官大寺でたびたび誦経が行われています。

朱鳥元年(六八六)五月には、大官大寺に食封七百戸、墾田九百余町が施入され、経済的基盤が整えられます。なお、この食封・寺領は平城京大安寺に引き継がれています。

同年、諸王、諸臣らが、一緒になって天武天皇の為に観音像を造って、大官大寺に納めて観音経を説いたという記事が出てきます。天武天皇の病気平癒を祈願しての仏教行事が続けられたのです。しかし、功なく、この年の九月、天武天皇は崩御してしまいます。

朱鳥元年十二月には、九月に崩御した先帝天武天皇のために、大官・飛鳥・川原・小墾田豊浦・坂田の寺、つまり飛鳥三大僧寺と小墾田豊浦・坂田の尼寺で無遮大会が催されています。無遮大会とは、道俗・貴賤・上下の別なく来集したすべての人々に平等に財と法を施す法会のことです。

このように大官大寺は、天武朝には飛鳥三大寺の筆頭として、各種の国家的な仏教行事が行われ、また僧の任命・管理の役目を果たしていたことが分かります。天武天皇造営の大官大寺の伽藍は、国家的な仏教行事を行い得る程度に整備されていたはずです。にもかかわらず、『続日本紀』などには、文武天皇によって大官大寺の大規模な造営が行われたことを示す記事が登場します。

『続日本紀』などに見える大官大寺の造営

まず、『続日本紀』などの記載によって文武朝大官大寺の造営経過などについて、年代を追って見ておきましょう。なお、『続日本紀』では、大官大寺は一貫して「大安寺」と記しています。

文武天皇の代　九重塔と金堂、丈六仏を造る（『大安寺伽藍縁起』）。

大宝元年（七〇一）六月　下道首名に大安寺で「僧尼令」を説かせる（『続日本紀』）。

大宝元年六月　造宮官を職に、造大安・薬師寺の二官を寮に、造塔・丈六の二官を司に、それぞれ准ずるよう太政官処分を発する（『続日本紀』）。

大宝二年（七〇二）八月　正五位上高橋朝臣笠間を「造大安寺司」に任ず（『続日本紀』）。

大宝二年十二月　持統太上天皇崩御のため、四大寺に斎を設ける（『続日本紀』）。

大宝三年（七〇三）一月　持統太上天皇のために、大安・薬師・元興・弘福の四寺に斎を設ける（『続日本紀』）。

和銅三年（七一〇）　大官大寺を平城京に移す（『大安寺碑文』『大安寺縁起』など）

和銅四年（七一一）　大官大寺、藤原宮焼亡す（『扶桑略記』）。

霊亀二年（七一六）五月　元興寺を左京六条四坊に移し建てる（『続日本紀』）。

これら史料によって、文武天皇の時に大官大寺で九重塔・金堂などの主要堂塔が大々的に建設され、丈六仏の鋳造が行われたことが知られます。丈六仏は金堂に安置される本尊のはずです。

大宝元年（七〇一）六月には、大官大寺で下道首名によって「僧尼令」が説かれていま す。大宝令を施行するにあたり、大官大寺で「僧尼令」の内容が説明されたのです。おそらく講堂で「僧尼令」が説かれたのでしょう。また、この記事によって、大官大寺が僧尼を管理・統率する役目を担っていたことを知ることができます。

大宝元年（七〇一）六月には、造宮官を職に、造大安・薬師寺の二官を寮に、造塔・丈六の二官を司に准ずるとする太政官処分が発せられています。この処分は、大宝令の施行に伴い行政機構が改められ、二官八省制が採られることになりますが、その省の下に職《しき》・寮・司の官制をしくにあたり、従来の「官」を格付け直したものです。この記事によって、大官大寺と薬師寺が官の組織によって造営が進められており、また、塔が造営中であったこと、そして大官大寺金堂の丈六像も鋳造中であったことを知ることができます。

また、翌年の大宝二年（七〇二）八月の正五位上高橋朝臣笠間が「造大安寺司」に任じられた記事によっても、大官大寺の造営が続けられていたことが確認できます。

これらの史料によって、文武天皇の時に大官大寺で九重塔や金堂などの主要堂塔の本格的な造営が進められていたこと、そして丈六仏が鋳造されていたことが窺えるわけです。

持統太上天皇は、大宝二年十二月二十二日に崩御しますが、直後に持統太上天皇のために、四大寺で斎が設けられ、大宝三年（七〇三）一月にも、大安・薬師・元興・弘福の四寺に斎が設けられています。すなわち、大安寺（大官大寺）が藤原京四大寺の筆頭の寺格であったことが分かり、伽藍も斎が開催できる程度に整えられていたと推測することができます。

『大安寺碑文』や『大安寺縁起』には、和銅三年（七一〇）、すなわち平城京遷都の年に大官大寺を平城京に移したという記事がありますが、いっぽう、『扶桑略記』の和銅四年（七一一）の記事には、「大官大寺、藤原宮焼亡す」とあり、『大安寺碑文』『大安寺縁起』と『扶桑略記』とでは記述にくい違いがあります。ただ、大官大寺・藤原宮焼亡の記事は正史である『続日本紀』には見えないのです。『扶桑略記』は平安時代の終わり頃に、比叡山の僧皇円が纏めた歴史書で、記事の信頼性については疑問があるとされています。大官大寺焼亡の記事には疑問が残るわけです。

『続日本紀』の霊亀二年（七一六）五月条の「元興寺を左京六条四坊に移し建てる」とある記事については、平城京左京六条四坊の地は大安寺の地であり、元興寺とするのは誤りで、この時、大官大寺が平城京へ移されたと考えるのが妥当です。となれば、『大安寺碑文』や『大安寺縁起』などに見える和銅三年（七一〇）に、大官大寺を平城京に移したとある記事は真実を伝えていないことになります。ちなみに、『大安寺碑文』は八世紀後半の淡海三船撰、『大安寺縁起』は菅原道真によって寛平七年（八九五）に成ったとされています。いずれも後の偽作説があります。

なお、平城京での大安寺の造営は、道慈が造営を差配することによって工事が軌道にのり、天平元年（七二九）、十四年間を経て完成することになります。藤原京では左京に大官大寺、右京に薬師寺という二大官寺が東西に対置されましたが、その関係はそのまま平城京に引き継がれまして、左京に筆頭の官寺の大安寺、右京に第二番目の官寺の薬師寺が配置されることになります。

第三章　大官大寺の研究のあゆみ

大官大寺とその遺跡

大官大寺は「だいかんだいじ」と呼ばれます。「おおきつかさのおおでら」とも訓じられます。官の大寺ですから、国立寺院ということであり、また、「寺の中の寺」という意味の呼び名ということができます。官の大寺の前に「大」がついていますから、官の大寺の中でも最も格の高い寺という意味の寺名ということになります。

大官大寺跡は、飛鳥盆地の北よりで、香具山南方の平坦な水田地に立地しています。行政区画では、明日香村小山と橿原市南浦町にまたがった場所に位置します。現地には、二つの大きな土壇が残っていまして、塔跡と講堂跡と考えられてきました。付近には、「講堂」「塔ノ井」「東金焼」「大安寺」「阿弥陀堂」などの小字も残っており、江戸時代以来、天武天皇建立の大官大寺（高市大寺）跡と考えられてきました。

この寺跡では、奈良国立文化財研究所によって、一九七三年から一九八二年までの十年間発掘調査が続けられ、大きな成果がもたらされました。私も調査員としてその発掘調査に直接携わり、解明にあたってきました。発掘を始めた時、私たちはこの寺跡は天武天皇造営の大官大寺跡と見て、まったく疑っていなかったのです。

江戸時代・明治時代の研究

ここで、この寺跡についての研究の歩みを見ておきましょう。研究はすでに江戸時代に始まっています。林宗甫は延宝九年（一六八一）に著した『和州旧跡幽考』の中で、この寺跡を大官大寺跡とする考えを示しています。そして小字「講堂」には一宇の建物の礎石が残っており、昔の「講堂」跡だから、この地名で呼ばれているのだろうと記しています。小字「講堂」の礎石は径六尺ほどで、四尺五寸の「柱口」つまり柱座があると記しており、さらに近くに塔の礎石があり、心柱などの礎石は通常のものとは異なる大きなものだと伝えています。林宗甫によって、初めて小字「講堂」土壇が講堂跡に比定されたわけです。この比定が後の研究に大きな影響を及ぼすことになります。

宝暦元年（一七五一）に著された『飛鳥古蹟考』（著者不詳）には、小字「講堂」に礎石四十四個と、塔に心礎が残っていると記しています。

文政十二年（一八二九）に津川長道が著した『卯花日記』には、小字「講堂」土壇には礎石四十六個が残っており、建物は南向きに建設されているとして、この建物跡は講堂ではなく、初めて金堂跡だと推定しています。塔には心礎があり、その上面に径四尺五寸、すなわち径約一三五センチメートルの円形に彫り込んだ柱座があると記載しています。

幕末から明治初年にかけて皇陵や古跡を調査した岡本桃里は、大官大寺跡の礎石配置の見取り図を作成しています。この図には小字「講堂」土壇に礎石四十五個の配置状況が描かれており、土壇の中央部には、東西三十尺（九メートル）の巨石が描かれています。この巨石は本尊丈六像の仏壇と考えられます。小字「講堂」の土壇規模は東西九十足、二十二間半、南北六十足、十五間と記しています。歩測によって大きさを測ったようです。なお、先の巨石が仏壇であるとすれば、この土壇を「講堂」跡とする考えには問題が出てくることになりますが、この時点ではこれが問題とされることはありませんでした。

塔跡土壇には、三十四個の礎石と心礎が図示されており、礎石の配置状況が詳細に記録されています。心礎は十二尺（三・六メートル）×十尺（三メートル）と巨大なもので、心礎の中央に径四尺（一・二メートル）の柱座の彫り凹みがあり、凹の中央に舎利穴が穿たれています。塔の礎石のうち、四隅の礎石は六尺四方で、その他の礎石は五尺四方の大きさと記しています。塔の礎石は方形に整えられていたのでしょうか。岡本の見取り図と観察記録は、非常に詳細で、その後の研究に大きく寄与することになります。ちなみに、岡本桃里は文化三年（一八〇六）に生まれ、明治十八年（一八八五）没の日本画家でして、

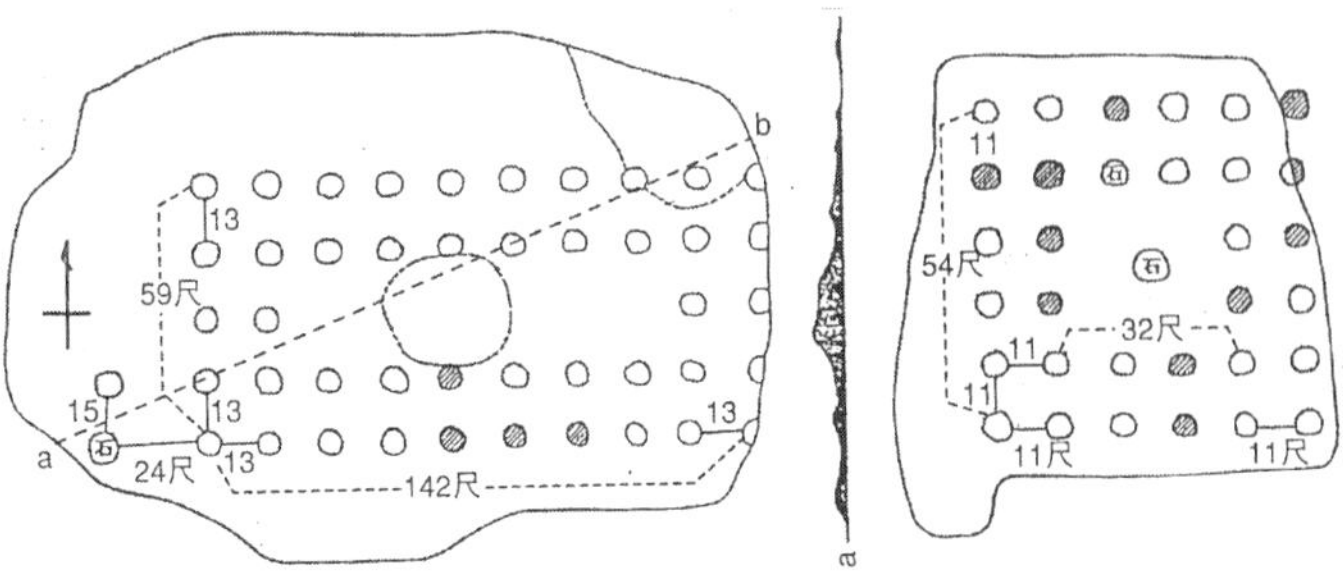

図12　大官大寺跡の礎石抜き取り穴見取り図（本澤清三郎による）

皇陵の調査成果を「大和各山陵絵」「大和各山陵図」などとして残しています。尊皇思想家で、晩年には、橿原神宮創建に奔走しています。

明治二十二年（一八八九）、橿原神宮が造営されます。大官大寺跡の礎石はその造営資材として抜き取られ、橿原神宮の造営地に運ばれてしまいます。

十五年ほど後、橿原神宮の造営のために礎石を抜き取った凹みや残存する礎石の配置状況などを観察記録した研究者がおりました。本澤清三郎です。本澤清三郎は、その成果を明治三十七年（一九〇四）に「廃大官大寺」（「考古界」一一－四）で発表します。本澤は、この中で残存する二つの土壇を金堂と塔の跡と推定しています。地元の人は、小字「講堂」の地名を「こーどー」あるいは「こんどー」と発音することに注目して、小字「講堂」土壇は金堂跡とする考えを唱えます。金堂跡の中央には、東西に長い大きな穴が図示されており、これは岡本桃里が土壇の中央部にあるとした長さ九メートルほどの巨石の抜き取り穴でしょう。

本澤は、礎石や礎石抜き取り穴の配置状況から、金堂建物は東西九間、南北四間の四面廂付建物で、東西百四十二尺（四二・六メートル）、南北五十九尺（一七・七メートル）の規模と復原しました（前頁図12参照）。塔は方五間で、四天柱のない形に図示しており、土壇上に心礎と、その付近に礎石片が残る状況を図示しています。塔の心礎は、橿原神宮に運ばれずに、本澤が調査した時点には、まだ現地に残っていたのです。心礎には径三尺八寸の円形の柱口が凹状に彫り込まれており、その中心に舎利孔があると記載しています。その上で、塔の初層は五間四方で、一辺は五十四〜五十五尺、柱間は十一尺等間と復原しています。本澤の図と記載は、非常に高い研究成果ということができます。ただ、測量は決して精度の高いものではなかったことは惜しまれます。

ちなみに、飛鳥の地名を漢字で表記するのは、かなり危険性があることを注意しなければなりません。小字「講堂」の地名は地元の人は「こーどー」と明確には発音せず、「くをんどう」などとあいまいに発音します。つまり、「金堂」とも聞こえるのです。飛鳥では地名はあいまい音で発音されるのが普通です。たとえば「川原」は「かーら」と発音されますし、「豊浦」は「とよら」と発音されます。地名を漢字で表記したことが、研究の進展の大きな障害となったのではないかと思われます。

昭和時代の研究

昭和三年（一九二八）、内務省技官の上田三平が大官大寺跡を実査して、その成果を『史蹟調査報告』四で報告しています。上田は、伽藍配置は本澤説に従い、小字「講堂」土壇を金堂跡として、「金堂」土壇は東西二百十四尺（六四・二メートル）、南北百十尺（三三メートル）、高さは水田面から五尺の巨大なものと測定しています。塔土壇については、方形で、東西七十五尺（二二・五メートル）、南北八十六尺（二五・八メートル）、水田面からの高さ五尺と復原しています。心礎は永らく残存しており、柱座は五尺余であったが、今はないと記しており、本澤以降に抜き取られ、いずれかに運ばれてしまったようです。

昭和七年（一九三二）、保井芳太郎の『大和上代寺院志』が公にされます。保井は同書の中で、小字「講堂」の地名は「金堂」の転化だとして、小字「講堂」土壇は金堂跡、もう一つの土壇を塔跡とする説を唱えています。その上で、伽藍配置は塔を東西に配置する薬師寺式伽藍の建設を計画したが、西塔は完成しなかったと記載しています。ただ、双塔説は根拠が弱く、その後の研究に大きな影響を与えるものではありませんでした。

昭和十四年（一九三九）、大官大寺の研究にとってひじょうに重要な研究が発表されます。大岡実による「大官大寺の伽藍配置」（建築史一－五）の論文です。大岡実は大変優秀な建築史家でして、現地の土壇の様子などを正確に測量して精密な実測図を作り、それに本澤清三郎による礎石抜き取り穴の図面などを参照して、伽藍を復原しています。従来の図面などは概略図の域を超えるものではありませんでしたから、初めて精密な実測図を基に研究が進められることになったのです。発掘調査を伴ってはいませんが、科学的な大官大寺研究の出発点ということができます。

大岡は、小字「講堂」土壇を講堂跡とみた上で、東に塔、西に金堂を配置する法起寺式伽藍説を唱えます。塔の西にあった金堂跡については、この地を流れる八釣川によって流失してしまっていると想定しています。確かに、現地には八釣川が氾濫した跡があり、土地が大きくえぐり取られ、旧地形は大きく乱れています。

大岡説の大きな理由は、小字「講堂」土壇の建物が東西九間《けん》（百四十五尺）、南北四間（六十尺）と間口の広い建物に復原できることにありました。飛鳥時代寺院では、金堂は間口五間、奥行四間の四角い平面形の建物であり、このように間口の広い堂は金堂ではありえず、講堂以外の建物とは考えがたかったのです。大岡は、この寺跡は天武天皇建立の大官大寺、つまり飛鳥様式の寺院と見ていたのでしょう。大岡は、建築史研究の立場から非常に論理的な議論を展開したわけです。ちなみに、「間」とは日本建築で、柱と柱とのあいだのことをいいます。長さの単位のことではありません。

なお、浅野清は、大岡の研究を踏まえつつ、法起寺式伽藍ではなく、金堂と塔とが東西に向かいあう「観世音寺式伽藍配置」説を提唱します。金堂跡については、大岡説に賛同

愛読者カード

●ご購読ありがとうございます。このハガキにご記入いただきました個人情報は、ご愛読者名簿として長く保存し、またご注文品の配送、確認のための連絡、小社の出版案内のために使用し、他の目的のための利用はいたしません。

●お買上いただいた書籍名

●お買上書店名

県　　郡／市　　書店

●お買い求めの動機（○をおつけください）

1. 新聞・雑誌広告（　　　）　2. 新聞・雑誌記事（　　　）
3. 内容見本を見て　4. 書店で見て
5. ネットで見て（　　　）　6. 人にすすめられて
7. 執筆者に関心があるから　8. タイトルに関心があるから
9. その他（　　　）

●ご自身のことを少し教えてください

◉ご職業　　年齢　　歳　　男・女

◉ご購読の新聞・雑誌名

◉メールアドレス（Eメールによる新刊案内をご希望の方はご記入ください）

通信欄（本書に関するご意見、ご感想、今後出版してほしいテーマ、著者名など）

料金受取人払郵便

天王寺局
承　認
211

差出有効期間
2022年3月1日
まで

（有効期間中
切手不要）

郵便はがき

5438790

大阪市天王寺区逢阪二の三の二

（受取人）

東方出版　愛読者係　行

〒

●ご住所

TEL

●ご氏名《ふりがな》

FAX

●購入申込書（小社へ直接ご注文の場合は送料が必要です）

書名	本体価格	部数
書名	本体価格	部数

ご指定書店名	取次
住所	

して、八釣川によって流失したと考えました。これ以降、大岡・浅野説が説得力ある説として定説化していきます。

一九七三年に奈良国立文化財研究所が発掘調査を開始した時、大岡や浅野が説くような堂塔配置の伽藍が発見されるものと想定して、調査に着手しました。ところが、この寺跡は天武天皇建立の大官大寺跡ではなく、文武天皇建立の大官大寺跡であることが明らかになり、伽藍配置などに関する大岡・浅野の定説の根拠の一つは崩れ去ってしまいます。寺院跡の年代推定に大きな問題があったのです。この点については、章を改めて詳しく述べることにしましょう。

その後、昭和四十年(一九六五)、田村吉永が『飛鳥京藤原京考証』を発表します。田村は、この著書の中で、天武天皇造営の大官大寺と、文武天皇造営の大官大寺は別寺だとする説を唱え、それぞれの寺跡の場所を推定しています。大変興味深い説ですが、思いつき程度の主張で、注目されることはありませんでした。

江戸時代以来の研究の歩みをまとめますと、小字「講堂」土壇には、「金堂」跡説と「講堂」跡説との二つの説があったこと、大岡以降には、「講堂」跡説が有力化して、法起寺式伽藍または観世音寺式伽藍説が定説化していたわけです。

第四章　大官大寺跡の発掘

奈良国立文化財研究所による発掘

一九七三年、奈良国立文化財研究所は明日香村小山・橿原市南浦町にある大官大寺跡の発掘を始めました。大官大寺跡での初めての発掘です。以来、一九八二年までの十年間、発掘が継続されます。私もこの継続発掘に直接携わることになります。

この寺跡は江戸時代以来、天武天皇造営の大官大寺跡と考えられてきたことは先に述べましたが、私達も天武天皇建立の大官大寺跡を発掘すると考えて全く疑いを持たなかったのです。発掘の結果、天武天皇大官大寺説はもろくも崩れ去るのです。

十年間にわたる発掘調査によって発見した遺構は、金堂・塔・講堂・中門・回廊などの主要堂塔、そして寺域を囲む掘立柱塀、講堂北方での掘立柱建物、井戸などがあります。しかし、僧坊や食堂、鐘楼・経蔵などについては未調査です。

まず、発掘で明らかになった伽藍配置について見ておきましょう（図13）。その伽藍は、

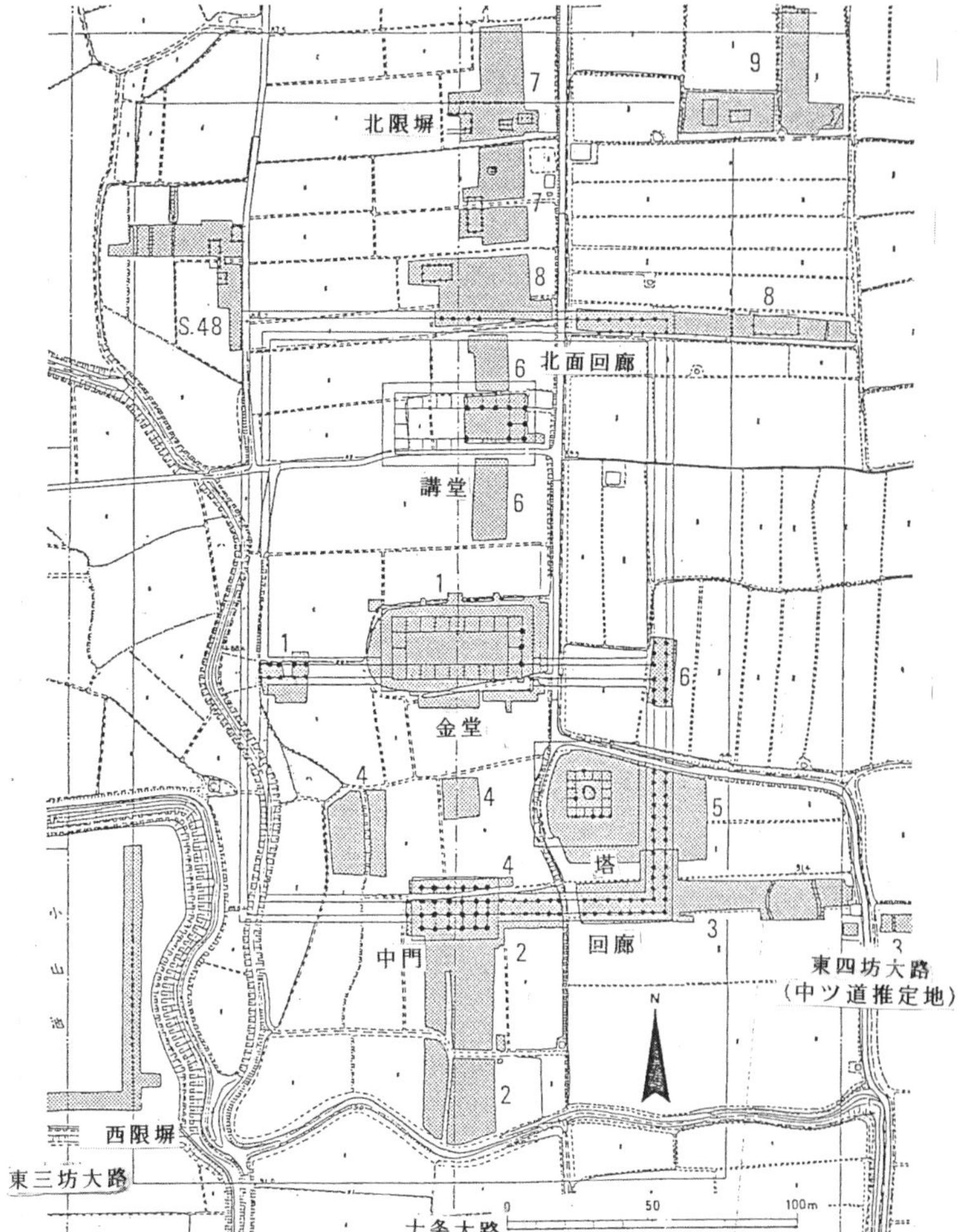

図 13　大官大寺跡の伽藍と発掘位置図

南北中軸線上に南から中門・金堂・講堂が並び、金堂の東南方に塔を配置し、中門から出た回廊が塔を囲んで金堂に取り付き、さらに東面回廊と西面回廊とは北へと延びて、講堂の北で講堂を囲んで閉じています。講堂までが回廊で囲まれている伽藍は極めて稀で、大官大寺では、講堂が特別重要な施設であったことを窺わせます。

伽藍配置は、これまで定説化していた大岡説の法起寺式伽藍でも、浅野説の観世音寺式伽藍でもなかったのです。なお、大岡・浅野による八釣川沿いの金堂推定地についても発掘調査を行いましたが、建物遺構はむろんのこと、屋根瓦もほとんど発見されませんでした。塔と対置される西方に金堂、あるいは塔が建てられていたとは考え難くなったのです。後に、小字「講堂」土壇の北方で本当の講堂が発見されたことによって、小字「講堂」土壇が金堂跡であることが確定することになります。この点については後に詳しく述べましょう。

小字「講堂」土壇の発掘

一九七四年七月、伽藍配置解明の鍵を握る小字「講堂」土壇に発掘のメスが入ります。第一次調査です。「講堂」土壇は発掘した時、栗畑になっていて、土壇の上面は深さ七〇センチメートルほどまで掘り返されており、本澤が報告した礎石を抜き取った穴は、ほとんど再確認することができませんでした。基壇中央の大石抜き取り穴もその痕跡すら残っていませんでした。

「講堂」土壇では、東辺で南北に並ぶ礎石抜き取り穴や基壇、そして基壇化粧石抜き取り溝、さらに南辺の基壇外で、建物建設に伴う足場穴や隅木の落下跡、焼損垂木群の落下跡、基壇隅の礎石などが発見されました。

「講堂」土壇の建物は、再発見した東辺の礎石抜き取り穴、岡本桃里の見取り図と本澤清三郎の礎石抜き取り穴の観察図によって、建物規模や柱間距離などをほぼ明らかにすることができました。すなわち、建物は東西九間、南北四間の四面廂付建物で、桁行の柱間は等しく十七尺（五・一メートル）で、総長百五十三尺（約四六メートル）であり、梁間の柱間は身舎が十八尺（約五・四メートル）、廂は十七尺で、総長は七十尺（約二一メートル）と復原できました。

基壇は東西一七九尺（約五三メートル）、南北九十六尺（約二八・五メートル）で、高さは二メートルほどであり、したがって、建物の軒の出《で》は十三尺（三・九メートル）と推定できました。基壇を築くにあたっては、掘込地業は行っておらず、旧地表上に版築工法によって直接基壇土を盛り上げていることが分かりました。版築はたいへん丁寧なものでした。

基壇化粧石はすべて抜き取られており、その抜き取り溝が発見されました。溝は幅○・

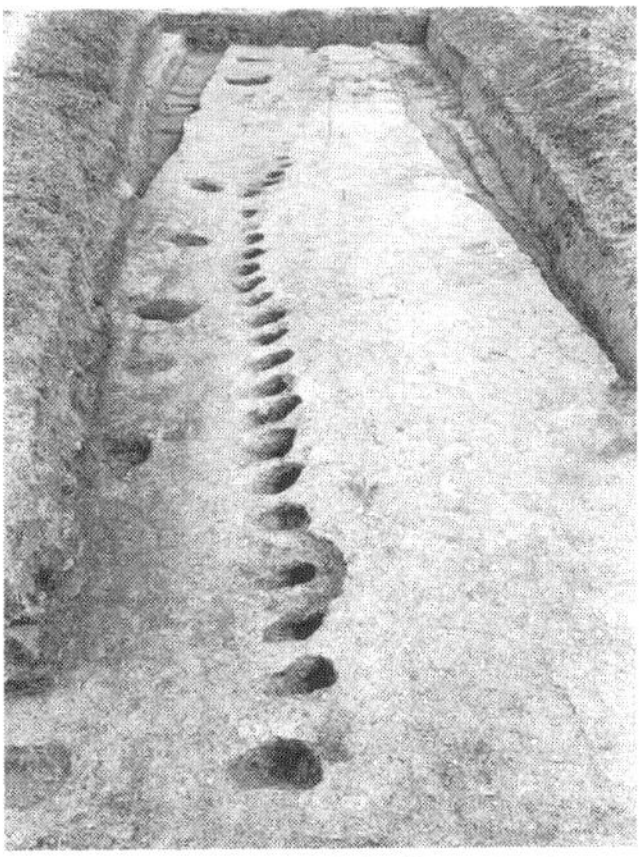

図14　金堂垂木落下痕跡
（奈文研提供）

八メートル、深さ〇・四メートルほどの箱形で、溝の底では地覆石を抜き取った時に使った梃子の穴跡が並んだ状態で見つかりました。基壇は最も手のこんだ壇上積基壇で、地覆石は凝灰岩切石を使用していたようです。地覆石に花崗岩切石を使わず、凝灰岩を使うのは奈良時代に一般化する基壇化粧法です。基壇化粧石抜き取り溝からは奈良時代前半の土器が出土しましたので、化粧石を抜き取った時期はこの頃と判断できました。

最も驚いたのは、基壇の周辺から大量の焼土や焼瓦が出土し、この建物が火災で焼失したことが明らかになったことです。基壇の南側では軒を支える垂木が火災で焼け落ちて、地面に深く突きささった穴の列が見つかりました（図14）。垂木は落下後も焼け燻っていたようで、穴の壁が赤く焼け締まり、また、穴の中に炭化した垂木片が残っているものもありました。建物は凄まじい火災で焼け落ちていたのです。垂木は方約一五センチメートルの角材で、四〇センチメートルほどの間隔で並べられていたと復原できました。垂木穴の列は一列であり、屋根は一軒《ひとのき》であったと推定できます。また、建物の東南隅では、尾垂《おだる》木《き》の落下痕跡が発見され、その先端には風鐸を打ち付けた釘が残っていました。

最も注目されたのは、基壇の下層から藤原宮期の土器が出土したことです。つまり小字「講堂」の建物は、天武天皇の時代までは遡らず、この寺跡は天武天皇建立の大官大寺ではあり得なくなったのです。また、小字「講堂」土壇の建物は藤原宮期に建設され、奈良時代の早い時期に焼失したという、発掘前には予想もしなかった新事実を明らかにすることになったのです。

なお、基壇東南隅と西南隅では、基壇化粧石の抜き取り溝の底で、長さ一～一・五メートル、幅約一メートル、厚さ〇・五メートルの方形状の花崗岩切石が発見されました。上面が平坦に整えられており、軒の四隅を支えるための支柱の礎石でしょうか。ただ、類例がなく、さらなる検討が必要です。なお、東北隅ではその切石の抜き取り穴が発見されています。

また、第一次調査では、小字「講堂」建物の東西に回廊が取りついていることも明らかになりました。回廊は単廊であり、小字「講堂」土壇の建物の建立に遅れて造営が始まり、基壇化粧を施す前に焼けた可能性を窺わせました。

中門と回廊の発掘調査

翌年の一九七五年には、小字「講堂」土壇の南約七〇メートル地点から約一五〇メートルまでの南北に長い範囲を対象に第二次調査を行いました。中門と南門の発見を期待したのです。

狙い通り、小字「講堂」土壇建物の中心から南へ約八五・五メートルの位置で中門跡が発見されました。中門跡では、礎石は残っていませんでしたが、ほぼすべての礎石抜き取り穴が発見され、中門の規模は東西五間（総長二三・五メートル）、南北三間（総長一二・五メートル）で、飛鳥諸寺には他に例を見ない大きな中門であることが分かりました。柱間の間隔は、桁行の中央間三間分は十七尺、両脇間は十四尺、梁行は十四尺等間と復原できました。

中門側面の中央間の東西には単廊が取り付いており、中心伽藍を囲む南面回廊跡と判断されました。小字「講堂」土壇建物の東西に取り付いていた北面回廊までの距離は約八三メートルを測り、回廊の東西長は一〇〇メートル以上となります。中心伽藍を囲む回廊範囲は、飛鳥諸寺では比類を見ないほど広大なものであったわけです。

中門の基壇盛土は大きく削られており、版築土の一部が残る程度でした。掘込地業は行わず、旧地表上に直接基壇土を盛土しており、また、基壇化粧は未着手であったことが確認できました。

驚いたのは、中門の建築部材が落下して、地面に突き刺さった穴跡が八ヵ所ほど見つかったことです。尾垂木や肘木《ひじき》などの組物の落下痕跡と判断できました。尾垂木の跡と見られる例は、小口面が縦約三四センチメートル、横約二〇センチメートルの長方形であり、肘木の可能性があるものは縦横とも約二〇センチメートルの方形でした。尾垂木の存在は中門建物の組物が三手先級であったことを物語っています。尾垂木や肘木が突き刺さった

図15　中門跡の発掘（東から。奈文研提供）

穴の中には、炭化物や焼土が含まれており、また、組物の落下痕跡周辺には、大量の焼土、焼瓦、炭化物が堆積していました。中門も焼失していたことが明らかになったのです。

基壇の周囲では、中門建設時に設けた足場穴列が発見されました。とくに注目されたのは、足場穴の中に炭化物や焼瓦が含まれていたことです。中門では建物とともに足場材が焼けたことを示しています。つまり、中門は建物建設の途中で焼け落ちたことが分かったのです。

中門の東側では、回廊の花崗岩礎石が原位置に良く残っていました。回廊は単廊で、柱間は桁行が十三尺（三・九メートル）、梁間は十四尺（四・二メートル）と判明しました。基壇は中門

基壇と同様の黒褐色土を積んで築いており、基壇幅は約一〇メートル、高さは二〇センチメートルほどが残っていました。基壇化粧は未着手であり、おそらく基壇幅を狭めるなど整備する計画であったのでしょう。

回廊も中門と同時に火災を受けて焼け落ちていました。基壇上面の一部に焼面が認められ、さらに一部の側柱間には焼け落ちた壁土も残っていました。

なお、中門の南五〇メートルほどまでの間では、南門跡は発見できませんでした。なぜ発見できないのか、もっと南に位置するのか、別の理由があるのか、謎が残ることになりました。

寺域東辺地域の発掘調査

一九七六年の第三次発掘は、南面回廊と東面回廊を確認して回廊の東西規模を確認すること、さらに寺域の東限を明らかにすることを狙って発掘調査を行いました。この発掘では、南面回廊と東面回廊との取り付き部が発掘され、南面回廊の東西規模、すなわち中心伽藍を囲む回廊範囲を明らかにすることができました。

回廊ではすべての礎石が原位置に残っており、その柱間はこれまでと同じく梁行十四尺、桁行十三尺でした。基壇は地山を削り出し、その上に数層積土して築いており、基壇上では屋根瓦が葺かれたまま落下した状態で発見されました。瓦を取り除くと、火災で焼け締まった基壇面が現れ、その上面では焼け落ちた垂木材や屋根裏材も発見されました。

基壇化粧は未着手のままでした。落下した屋根瓦では、軒平瓦は葺かれていましたが、軒丸瓦はほとんど認められません。南面と東面の回廊建物は瓦葺の最後に葺かれる軒丸瓦を葺く直前に焼失したのではないかと疑われます。

このように南面回廊・東面回廊は、建物はほぼ完成し、建築の最終段階に行われる基壇化粧の着手直前に焼け落ちたことが明確になったのです。

この調査によって南面回廊の規模は、中門取り付き部から十五間目で東面回廊につながることも明確になりました。

回廊東方の調査では、発掘区の幅が狭いためか、築地塀や掘立柱塀など寺域の東を限る施設の発見には至りませんでした。

東面回廊の東方二五メートルほどの地点には、東西九メートル、南北四メートルほどの不整形の大きな穴があり、穴の中からは、焼土や炭化物に混じって瓦・土器・鉄滓など多量の遺物が発見されました。東面回廊の東方四〇メートルほどの地点にある幅五メートルの南北溝内にも、フイゴの羽口や鉄滓、大官大寺式軒平瓦が含まれており、また、東面回廊の東方六六メートルほどの地点にある東西四メートル、南北四メートル以上の楕円形の穴からも手斧の削り屑などと共に、木簡七点が発見されています。これらの穴や溝の出土遺物から、寺域の東辺地域に大官大寺の造営用の鉄製品などを造る工房があったことが分かります。

なお、先の出土木簡の中に、「讃用郡□里鐵十連」とある木簡があります。播磨国讃用郡から税として貢進された鉄素材につけた荷札で、鉄素材が大官大寺の造寺司に支給され、寺内の工房で鉄製品に加工されたことを窺わせています。

この木簡の年代は、郡制下で、かつ里名が一字で表記されていることから、大宝から和銅初年までの間であることが知られます。八世紀初頭頃、大官大寺では造営工事が行われていたことを示唆しており、この点も継続発掘中の大官大寺跡が天武天皇造営の寺院ではない可能性が高いことを示しています。

金堂推定地の発掘調査

第一次調査から第三次調査までの成果によって、これまで「講堂」跡と推定されてきた建物は実は「金堂」跡ではないかという考えがでてきました。新しい仮説です。それならば、大岡説あるいは浅野説による金堂推定地を発掘して、その存否が確認できれば江戸時代以来の課題が氷解するのではないか。一九七七年、金堂推定地を発掘しました。第四次調査です。

第四次調査では、南北五五メートル、東西三〇メートルの範囲を発掘しました。調査の結果、縄文時代中・後期の土器包含層、大官大寺以前の掘立柱建物や溝が発見されましたが、寺院に関わる建物基壇や足場穴は見当らず、また、遺構面が削平されていた形跡もなく、瓦の堆積も認められず、この地に金堂あるいは塔と考えられる建物は存在しないと、結論することになったのです。

この時の調査では、中門と小字「講堂」建物の中間で、伽藍の中軸線上に金堂跡があるか否かを確認するために、南北一四メートル、東西一二メートルの発掘区を設けましたが、金堂があった可能性がないことが明らかとなりました。

こうして、小字「講堂」建物は講堂ではなく、金堂建物である可能性が高まってきたのです。伽藍配置は、少なくとも、法起寺式でも観世音寺式でもなかったのです。

塔跡の発掘調査

一九七八年には、塔跡を中心に東面回廊を含む範囲の調査を行いました。第五次調査です。予想通り、塔と東面回廊とが確認され、ほかに塔基壇の東で南北溝などが発見されました。

塔跡は、発掘時には、東西二四メートル、南北二七メートルの不整方形状で、水田面か

図16　塔跡と東面回廊の発掘（東から。奈文研提供）

ら高さ一・二メートルほどの土壇状の高まりとして残っており、上面は畑として利用されていました。塔の基壇は、水田耕作によって周囲の一部が削平されていましたが、その東辺と南辺の裾部が確認され、さらに北辺と西辺にも調査区を設け、基壇の規模をほぼ明らかにすることができました。明らかになった基壇規模は、東西三六・三メートル、南北三七・三メートルを測り、現状の土壇を大きく上回る巨大な規模のものと判明しました。ただ、基壇の裾部は約二五度ほどの傾斜面となっており、基壇化粧を施した痕跡は全く認められませんでした。傾斜面と裾部には、大量の焼土や焼瓦が堆積しており、塔も焼失したことが確認できました。

基壇は、灰色土・茶褐色土、黄色土を三

～一〇センチメートルの厚さで互層に積み上げ、版築して築いていました。西辺部では、基壇下に深さ三〇センチメートルほどの掘り込みがありましたが、他の三辺では旧地表上に直接基壇土を積みあげており、掘込地業は行っていた形跡はありません。基壇の現存高は一・二メートルですが、本来は二メートル近くであったようです。なお、階段の痕跡も確認できませんでした。

基壇上面では耕作による撹乱が現地表下〇・八メートルまで及んでいました。しかし、残りは良くはありませんでしたが、礎石抜き取り穴と礎石据え付け穴を七ヵ所で確認できました。抜き取り穴は、明治二十二年の橿原神宮造営時に礎石を抜き取った跡でしょう。礎石抜き取り穴・据え付け穴は側柱で五ヵ所、入側柱列で一ヵ所、そして心礎抜き取り穴が確認できました。心礎抜き取り穴は基壇中央部に位置しており、南北五・六メートル、東西五・四メートルの円形状で、深さは基壇検出面から一メートルの深さがありました。抜き取り穴の中には心礎の根固め石が数個残っていました。その中には径一～一・五メートル大の大きな根固め石もあり、心礎が巨大であったことを物語っています。

岡本桃里によると、心礎は南北十二尺、東西十尺の巨石で、その中央に径四尺の円形柱座が彫り込まれており、その中央に舎利穴が穿たれていたとあります。発見された抜き取り穴の大きさと矛盾しません。心礎は基壇上に出る形、つまり地上式で据えられていたことも間違いありません。なお、四天柱の礎石は当初からなかったと判断できました。

こうした発掘成果から、塔の初層は方五間と復原できます。これは岡本桃里や本澤清三郎の記録と一致しています。ただ、本澤は柱間は十一尺としていますが、発掘成果によると、より狭く一辺五十尺（一五メートル）、柱間十尺等間と復原できます。

基壇の斜面や裾部に堆積していた焼瓦層の中には、白土を化粧塗りした壁土、朱線のある軒平瓦、風鐸や隅木端飾金具《すみきはしかざりかなぐ》が含まれており、塔の建物はほぼ完成し、建築の最終段階に行われる基壇化粧の直前に焼失したことが分かりました。

東面回廊は、第三次調査の北延長部を七間分確認しました。礎石はすべて現位置で発見され、柱間もこれまでと変りありません。基壇化粧はやはり未着手でしたが、基壇幅は二十八尺（八・四メートル）、回廊建物の軒の出は八尺（二・四メートル）と推定できました。ここでも東面回廊が焼失したことを再確認できました。

これまでの調査成果によって、主要堂塔・中門・回廊のすべてが焼失したことがはっきりしてきたのです。焼失時の堂塔などの建築状況は、小字「講堂」建物は基壇外装まで完了していたこと、塔は建物は完成していたが基壇化粧の直前に焼失したこと、中門は建物の建設中に焼失したことが明らかになりました。回廊建物も中門と同様で、建物建設中に焼失していました。こうした焼失時の堂塔の建設状況によって、小字「講堂」建物→塔→中門・回廊の順序で建設が進められていたことを明確にすることができました。

講堂跡と回廊の発見

これまでの調査成果によって、従来説による金堂跡推定地には建物が建っていた形跡は全くなく、小字「講堂」建物が真の金堂である可能性が高まってきました。一九七九年、その当否を確認するために小字「講堂」建物の北方に講堂建物と考えられる建物があるか否かを確認する発掘調査を行いました。第六次調査です。

この調査では、小字「講堂」建物の北方五五メートルほどの地点で大型建物跡が発見されました。礎石抜き取り穴十ヵ所が発見され、伽藍中軸線との関係から、この建物は東西九間（総長四五・九メートル）、南北四間（総長二一メートル）の四面廂付建物で、小字「講堂」建物と同規模の建物と復原できました。

基壇は掘込地業を行っておらず、黄色土や砂質土を互層に積み上げて築いていることが分かりました。基壇規模は東西五二メートル、南北二七メートルほどで、高さは六〇センチメートルほどと復原できます。北縁近くで凝灰岩切石が発見され、また、基壇周辺に凝灰岩片が散在していましたので、基壇は凝灰岩切石で化粧していたものと見ることができます。

基壇外では多量の焼土が発見され、建物が焼失したことも明らかになりました。そして基壇は凝灰岩切石による化粧まで終わっており、建物は完成し、その後に焼け落ちたことが明確になりました。

この建物は中軸線上に位置すること、小字「講堂」建物の北方で、それと同規模の東西棟建物であることなどから、真の講堂と判断できました。これまでの発掘成果を総合して、小字「講堂」の建物が金堂跡であることは疑いなくなったのです。これからは、小字「講堂」建物を「金堂」と呼ぶことにしましょう。

第六次調査では、金堂の東方三八メートルほどの地点で、塔跡の東方で発見した東面回廊の北延長部を解明する調査を行いました。その結果、回廊は金堂に取り付く一方で、東面回廊はそのまま北へ延びていることが明らかになりました。

講堂建物の北方の調査では、講堂跡の北一八メートルの地点で東西方向に延びる礎石抜き取り穴列を発見しました。この礎石抜き取り穴列は、講堂の一郭の北を囲む北面回廊跡と判断されたのです。

一九八一年の第八次調査では、この北面回廊の東部を発掘しました。その結果、北面回廊と東面回廊との取り付き部が確認され、講堂も回廊によって囲まれていたことが明確になったのです。

このように、紆余曲折を経て中心伽藍の構造や規模を明らかにすることができました。それは従来の定説を大きく改めるものであったのです。

寺域北限塀の発見

一九八〇年には、講堂の北方で、寺域の北限を明らかにする調査を行いました。第七次調査です。その結果、講堂の北方九三メートルほどの所で、東西に延びる東西掘立柱塀が発見され、寺域の北を限る施設と判断されました。

掘立柱塀は東西十三間分、総長二四メートル分を発掘しましたが、さらに東西両方向に延びていきます。柱穴は〇・八〜一・〇メートルの方形で、すべてに柱痕跡が残っていました。柱間はほぼ一・八四メートル等間ですが、ばらつきが認められます。伽藍中軸線との交点部分では、北門跡を発見できず、この位置には門は設えられていないことが明らかになりました。そして掘立柱塀の周囲では瓦はほとんど出土しておらず、屋根は瓦葺きではなかったと思われます。なお、東西塀は藤原京の九条条間路推定路面心から南へ約二九メートルに位置しています。

講堂の北方で、北限塀までの間では、東西棟や南北棟の掘立柱建物、井戸などが発見されています。掘立柱建物には東西棟の高床倉庫や、南北三間、東西三間以上の南廂付きの東西棟建物、南北五間、東西二間の南北棟建物などがあります。寺院の運営や経済を支える施設にあたるのでしょうか。しかし、柱穴は最大でも一辺一メートル程度のもので、大規模な建物ではありません。

寺域を限る施設については、北限塀のほか、東限と西限の掘立柱塀が確認されています。東限掘立柱塀は中心伽藍の東北方で確認しており、伽藍中軸線の東約九五メートルに位置しています。西限掘立柱塀は伽藍中軸線の西約一一二メートル地点で発見されています。また、大官大寺では、僧尼令が説かれているように、多くの僧侶がいたはずです。しかしこれまでのところ、僧坊跡は発見されていません。いずれにしても、川原寺のように講堂を囲む回廊の外側の東・西・北の三方に配置するいわゆる三面僧坊ではなかったようです。僧坊の解明は残された大きな課題としなければなりません。

このように、明らかにすべき課題は多く残っていましたが、十年間にわたって継続してきた大官大寺跡の発掘を終えました。

大官大寺の伽藍、堂塔の特色

十年間にわたる発掘の成果は多大です。ここで、その成果をまとめ、この寺の特色について考えたいと思います。

まず、伽藍配置は、中軸線上に中門・金堂・講堂が南北に並び、金堂の東南方に塔を配する構造のもので、中門から出た回廊が塔を囲んで金堂に結ばれ、東面回廊と西面回廊とはさらに北へと延びて、講堂の北で講堂を囲んで閉じる構造のものと確認できました。定説化していた観世音寺式でも法起寺式でもなく、金堂前に広大な前庭を置く一塔一金堂の大官大寺式とでも呼ぶべき新しい伽藍様式が採用されていたのです。

金堂前に広い前庭を設ける構造は平城京諸寺で定着していきます。なお、東側にある塔の対称位置に西塔を建てる計画であったが、実現しなかったとする説がありますが、手がかりは全くなく、この考えには従えません。

金堂は東西九間（総長約四六メートル）、南北四間（総長約二一メートル）の四面廂付建物で、藤原宮大極殿や平城宮大極殿に匹敵する当代最大の大建築でした。飛鳥諸寺の金堂は東西五間（一五メートルほど）、南北四間（一〇・八メートルほど）の方形に近い平面形であるのに対して、横長の平面形です。平城京諸寺の金堂は間口が七間など横長の平面形が普及しています。つまり大官大寺の金堂は、飛鳥諸寺とは異なって平城京諸寺の金堂で一般化する平面構造が採用されており、その初現と言うことができます。基壇化粧も凝灰岩切石による壇上積基壇と推定できます。これも平城宮や平城京諸寺の礎石建ち建築で定着する基壇化粧法です。

講堂は金堂と同規模で、同平面形の建物でした。講堂は基壇化粧を施した後に焼けており、金堂に次いで早期に建設され、かつ完成しており、金堂・塔などと同時に焼失していました。飛鳥諸寺の講堂は間口八間であり、七間あるいは九間の講堂は平城京諸寺の講堂で一般化します。講堂でも奈良時代的な特徴が現れています。

講堂が回廊で囲まれて一郭を形成し、格の高い建物として扱われている点も特徴的です。大官大寺が僧侶の管理、統制を役割とする国家筆頭の寺格を持つ寺院であったことと関係しているのでしょう。講堂が早期に完成しているのもこの点と関わっているはずです。

塔は、初層が方五間で、一辺一五メートルと巨大な塔であり、四天柱のない特異な平面形の建物と分かりました。東大寺の七重塔は『東大寺要録』によると、東塔は初層一辺五十五尺で、高さ三十三丈八尺七寸で、西塔も初層一辺五十五尺、高さ三十三丈六尺七寸とあり、初層一辺はともに約一六・五メートルで、高さも一〇〇メートルほどの巨塔であったと記されています。ちなみに、『東大寺要録』は十二世紀初頭、平安時代後期に成立した東大寺の寺誌です。

近年、東大寺東塔跡が発掘され、奈良時代の塔は、基壇一辺が二四メートルで、塔建物の初層は一辺一五・五メートルで五間四方であることが分かりました。鎌倉時代に再建された東塔は、基壇一辺が二七メートルで、塔建物の初層は一辺五十六尺（一六・八メートル）で三間四方と分かりました。なお、諸国国分寺では七重塔が建設されていますが、その初層一辺は三十六尺（一〇・八メートル）が一般的な大きさです。

大官大寺の塔建物は東大寺東塔・西塔に匹敵する壮大な塔で、文字史料が伝えるように九重塔であったことは疑いありません。九重塔は、百済大寺以来の国家筆頭の大寺を象徴する存在であったのです。

塔の心礎は基壇上に上面を出す地上式で、これも奈良時代塔で定着する心礎の据え付け方です。岡本桃里や本澤清三郎の調査によると、心礎上面には、柱の根元を受ける円形の彫り込みがあり、その中央に舎利穴が穿たれていたとあります。なお、基壇は三五メートル四方ほどの巨大なものでしたが、その裾部は約二五度の傾斜のままで、基壇化粧に着手する前の状況でした。

中門は、東西五間、南北三間の大きなものでした。飛鳥諸寺の中門は東西三間、南北三間で、側面に単廊が取り付くのが一般的であるのに対して、平城京諸大寺では、東西五間、南北二間で、側面に複廊が取り付く形になっています。大官大寺の中門は東西五間である点では平城京諸大寺と共通し、南北三間という点では飛鳥諸寺の中門の特徴を備えており、飛鳥様式と天平様式の両要素を備えた、いわば折衷様式のものと言うことができます。

単廊の回廊は飛鳥諸寺の特色です。平城京諸大寺では複廊が流行しています。大官大寺の回廊は単廊であり、その点では飛鳥諸寺の伝統を引き継いでいると言えます。また、回廊は金堂と塔を囲む回廊と、講堂を囲む回廊からなっています。前者は東西長四百八十尺(約一四四メートル)、南北長二百七十五尺(約八二・五メートル)であり、講堂を囲む回廊は、東西長四百八十尺(約一四四メートル)、南北長三百六十尺(約一〇八メートル)であり、飛鳥・藤原地域諸寺の回廊規模をはるかに凌駕する壮大な規模を誇っています。

また、金堂の前庭は広大であり、前庭が狭い飛鳥諸寺とは大きな違いがあります。前庭が仏教儀式の場として重視されるようになり、それは金堂院の外に塔院を配置して、金堂前を広大な広場とする平城京諸大寺の構造に近づいています。

このように大官大寺は、伽藍配置や堂塔の構造・様式など飛鳥様式から天平様式への過渡的特徴を示しており、これは、この伽藍の造営時期と関連して注目される点です。

図17　大官大寺堂塔に葺かれた軒瓦（奈文研提供）

また、堂塔の屋根に葺かれた軒先瓦は、複弁蓮華文軒丸瓦と均整唐草文軒平瓦とを組合せて使っています。均整唐草文軒平瓦は平城宮や平城京諸大寺で流行する軒平瓦の基になった軒瓦です。

このように、新しい伽藍構造や建築様式は、まず国家筆頭の官寺から始まっており、大官大寺つまり国家筆頭の大寺によって新らしい仏教文化が切り開かれたのです。

大官大寺の中心伽藍の範囲や金堂・講堂、九重塔など主要堂塔の規模は飛鳥諸寺を遥かに凌駕する壮大なものでした。とくに、九重塔の建造は百済大寺以来の国家筆頭の官寺を象徴する存在でした。こうした特徴は百済大寺以来の伝統を引き継ぐものであったのです。なお、金堂・講堂などに葺かれた瓦は、飛鳥諸寺の瓦に比べて、二割がた大型です。堂塔が巨大であることと関係するのでしょう。

焼亡時の堂塔の状況と伽藍の建立年代

大官大寺跡の発掘では、金堂・塔・講堂・中門・回廊など中心伽藍のすべてが焼失していることが明らかになりました。

焼失時の堂塔の建設状況についてまとめておきましょう。金堂と講堂は基壇化粧を含めてすべて完成していましたが、塔は建物は細部まで完成していましたが、造営の最終段階に行われる基壇化粧に手をつける直前に焼失していました。中門と回廊は建物の建設中に焼失しました。屋根瓦はほぼ葺き終わっていたようです。

こうした焼失時の状況から、堂塔は、まず金堂から建設が始まって完成し、次いで講堂の建設に着手して完成させた後に焼失しています。講堂に次いで塔の建設が始まり、建物はほぼ完成しましたが未完のうちに焼失し、中門・回廊は塔と併行して建設が続けられましたが、建物の造営中に焼け落ちたことが明らかになりました。つまり堂塔の造営が、金堂→講堂→塔→中門・回廊の順で行われたことは明らかです。

この点は、各堂塔の屋根に葺かれた軒瓦の特徴からも裏づけられます。金堂と講堂は同じ笵型で造った軒丸瓦と軒平瓦を用いながら、講堂の軒瓦は金堂の軒瓦に比べて、造り方に省略が芽立ち、金堂瓦よりもやや新しい時期に位置づけられます。塔と中門・回廊では共通する笵で造った瓦を使っており、それは金堂・講堂所用の軒瓦よりも、やや小振りで、かつ後に造られた特徴を示しています。

先にも述べましたように、『扶桑略記』には、平城京遷都直後の和銅四年（七一一）に大官大寺が藤原宮とともに焼失したと記されています。この藤原宮・大官大寺焼亡の記録は、正史である『続日本紀』などより信頼性の高い史料に見えないこともあって、事実かどうか疑われてきました。

発掘によって中心伽藍の堂塔すべてが焼失したことが明確になり、かつ、金堂では焼失後、その基壇化粧石が抜き取られており、抜き取り溝から八世紀前半の土器が出土したことによって、奈良時代初頭頃に大官大寺が焼けたとある『扶桑略記』の記事の正しさが裏づけられたのです。

発掘成果と『扶桑略記』の焼失記事によって、大官大寺の金堂と講堂は、和銅四年(七一一)以前に完成し、塔・中門・回廊はまだ造営中であったことが明確になりました。注目されるのは、金堂の創建年代に関わる発掘成果です。金堂基壇下に遺物包含層があり、同層に藤原宮期の土器が含まれていたことです。つまり最も早くに建設された金堂の造営開始は藤原宮期ということになるのです。

『続日本紀』大宝元年（七〇一）条には、造寺、造塔・造丈六像の官司を格付けし直した記事が見え、文武天皇の時に大官大寺の造営が進められていたことを記録しています。

また、『大安寺伽藍縁起』には、文武天皇が大官大寺の九重塔・金堂を建て、丈六像を造ったという記載があります。明日香村小山の地に残る大官大寺跡での発掘成果は、文字史料の記載内容と合致しています。

この伽藍の下層に天武天皇造営の大官大寺跡がある可能性を考慮して注意深く発掘しました。その結果、七世紀後半頃の掘立柱建物は発見されましたが、先行寺院が存在した痕跡は全く認められませんでした。こうして、小山の地に残る大官大寺跡は文武天皇によって建設された大官大寺と確定したのです。

この大官大寺の造営計画は藤原京の都市計画と密接に関わっており、堂塔や寺地はその条坊計画に正しく則って建設されています。たとえば、中門・金堂・講堂の中心を結ぶ伽藍中軸線は、藤原京左京四坊の東西の中心線上に位置しており、金堂の南北の中心線は藤原京十条条間路と九条大路の二等分線上に位置しているのです。

寺域については、東は藤原京左京の四坊大路、西は三坊大路、北は九条条間路、南は十条大路までの範囲で、その規模は南北三町（約四〇〇メートル）、東西二町（二六五メートル）、つまり南北三町、東西二町の計六町を占めたことになります。ただ、寺域を囲む掘立柱塀はより内側に設けられ、周囲に広い外周帯が巡っており、実際の寺域はより狭い範囲となります。

なお、寺域を囲む掘立柱塀は、柱穴一辺一メートル以下で、大寺の外郭施設としては小規模にすぎる感があり、また、屋根瓦が葺かれた形跡もありません。飛鳥諸寺の周囲を囲む塀はもっぱら掘立柱塀で、柱穴は大きく、かつ屋根に瓦を葺く構造のものが一般的です。文武朝大官大寺の掘立柱塀は仮設的なものであったのではないかと思われます。南門は発見されませんでしたが、仮設的な門であったことによるのでしょうか。

天武朝大官大寺と文武朝大官大寺との関係

『日本書紀』の記述にあるように、天武天皇の時、大官大寺で国家的な仏教行事が行われており、伽藍が整えられていたはずです。明日香村小山の大官大寺は文武天皇による造営で、その下層には天武朝大官大寺に相当する前身寺院が存在しなかったことは先に述べました。天武朝大官大寺と文武朝大官大寺とは、別のところにあったと考えなければなりません。

ところで、『大安寺伽藍縁起并流記資財帳』によると、「縁起文」には文武天皇鋳造の丈六像について記載していますが、「資財」条には、文武天皇施入の仏像や寺物については、全く記載されていません。ところが、舒明天皇、皇極天皇、天智天皇、天武・持統天皇など各天皇による施入物の所蔵を記録しているのです。

たとえば、舒明十二年（六四〇）施入の潅頂幡、天智天皇施入の乾漆の丈六像・四天王像、天武・持統天皇施入の繍仏や金光明経・金剛般若経などの経巻の伝来を記載しています。

ちなみに、天智天皇が同七年（六六八）に丈六釈迦像と脇侍像を造って、百済大寺に安置した乾漆造は、平城京大安寺に伝えられており、十二世紀の大江親通の『七大寺巡礼私記』にはこの仏像は、平城京薬師寺の本尊の薬師三尊像を凌駕する大変すばらしい仏像だと述べています。納得できる話です。

「資財」条に見えるこれらの資財には、百済大寺から高市大寺、つまり大官大寺へと運ばれた資財と、天武・持統天皇によって大官大寺に施入された品々とがあって、ともに平城京大安寺へと運ばれ、所蔵されたものと思われます。

百済大寺や天武朝大官大寺に施入された資財が平城京大安寺に伝えられ、文武天皇建立の大官大寺に所蔵されたであろう資財が伝えられていないのは何故でしょう。これは両寺が別寺で、和銅四年に文武朝大官大寺が大火災で焼失した時、天武天皇造営の大官大寺の伽藍が残っていて財産が保管されていたとすれば、先の謎は氷解します。文武天皇造営の大官大寺に所属されていた品々は大火災によって焼失してしまったために、平城京大安寺には伝えられていないのでしょう。

とはいえ、疑問は残ります。たとえば、天武天皇造営の堂塔はどうなったのか。平城京大安寺へ移されたのかどうかなども不明です。こうした点については、天武天皇造営の大官大寺が明確にならなければ解決しないのです。

第一章で述べましたように、『大安寺伽藍縁起』によると、天武二年（六七三）に百済大寺を高市郡に移すとあり、『日本書紀』や『大安寺伽藍縁起』には、天武二年十二月十七日、小紫美濃王と小錦下紀臣訶多麻呂を造高市大寺司に任命するという記事が見えます。そして、『大安寺伽藍縁起』には、天武六年（六七七）九月に、「高市大寺」を「大官大寺」と寺名を改めたと見えます。百済大寺跡、つまり吉備池廃寺での発掘所見は、天武朝頃に他へ移建したことを示していました。

橿原市木ノ本町にある木ノ本廃寺が、その移建先の有力候補であることは先に述べました。木ノ本廃寺では、吉備池廃寺と同じ笵型で造った軒丸瓦と軒平瓦が十数点ずつ出土しており、共通する丸・平瓦もかなりの量出土しています。吉備池廃寺の瓦と同様に普通の瓦よりも二割ほど大型の瓦です。小型瓦も含まれています。しかも、吉備池廃寺より破片が大きく、残存状況は吉備池廃寺よりも良好です。

さらに、より新しい七世紀後半の軒瓦が発見されています。そのほか、塼仏が出土しています。塼仏は白鳳期すなわち天武朝からやや後にかけての頃に流行したものです。堂塔の内壁に打ち付けて使用されたのでしょう。こうした事実も、木ノ本廃寺こそ「高市大寺」である可能性が高いことを示しています。

天武天皇造営の大官大寺の所在地については、木之本廃寺の他にもいくつか説があります。たとえば、雷丘の北方、ギオ山という小さな丘の西側で飛鳥川までの平坦地に求める説があります。雷廃寺説です。この付近からは、鬼面文軒丸瓦や重弧文軒平瓦が発見されており、礎石の出土も伝えられています。

平安時代の『日本三代実録』に、高市大寺の旧寺地は高市郡夜部村にあるという記事があります。夜部村はどこか。藤原宮のすぐ南方に日高山と呼ばれる小丘陵があり、その周辺が「夜部村」で、先の雷廃寺がある場所も夜部村に入るとする地名考証があります。そして、吉備池廃寺と同じ笵型で造った軒平瓦が、日高山の北麓で二点、南西麓からも一点出土していることが理由として挙げられています。

天武天皇造営の大官大寺は大寺を指向してきた百済大寺以来の伝統を引き継いでいると考えられます。そこには国家筆頭の大寺を象徴する九重塔が存在したはずであり、また、その他の諸堂も軒瓦の大きさに相応しい大きな建物であったでしょう。雷廃寺などについても、年代的には相応していても、九重塔や大きな堂の存在が想定できるか否かが問題となります。これまでのところ、天武朝大官大寺跡については多くの謎が残るとしなければなりません。

くりかえしになりますが、明日香村小山にある大官大寺跡の発掘によって、この寺跡は文武天皇造営の、すなわち藤原京筆頭官寺として造営された大官大寺であり、主要堂塔は焼失して廃寺となったことが明らかになりました。九重塔や中門に至っては、未完成のうちに焼亡したことが判明したのです。新しい成果です。

この寺跡が天武天皇造営の大官大寺ではないことが明らかになったことによって、その寺跡の所在地を明らかにすることが新たな課題となりました。

発掘とは、一つの謎を解決するいっぽうで、これまで思いもよらなかった新たな課題を生み出すものなのです。こうして研究は幅を広げ、さらに深化していくはずです。大官大寺での十年間にわたる発掘調査は、それを痛感させたのでした。

第五章　東アジア諸国の国家寺院と九重塔建立

東アジア諸国での木造九重塔の建立

第一章から第四章では、日本古代の国家寺院、百済大寺と天武朝大官大寺、文武朝大官大寺について、その構造や特徴を述べ、九重塔建立などの歴史的意義について検討を加えました。

六世紀から七世紀の東アジア諸国の国家寺院でも九重塔が建立されています。東アジアの国家間で、仏教文化など様々の交流が行われたことを窺わせています。日本の仏教文化は、とくに朝鮮半島の国々の文化の影響を強く受けていることは明らかです。その仏教文化の源流は古代中国にあり、その影響も直接的、間接的に波及してきています。

東アジア諸国のうち、北魏の永寧寺、新羅の皇龍寺、百済の益山弥勒寺など国家筆頭の大寺で木造九重塔が建立されたことが分かっています。

このうち、北魏の永寧寺は、五〇〇年代の早い時期に建設され、比較的に短期間で焼亡して廃寺となってしまっています。新羅皇龍寺と百済弥勒寺は七世紀前半の建立で、それは舒明天皇そして皇極天皇によって百済大寺が造営された時期とほぼ重なっています。

日本の初期の仏教文化は、北魏、その後を継いだ東魏の影響を大きく受けました。たとえば、法隆寺金堂本尊の釈迦三尊像は北魏様式に連なっています。高句麗や新羅の仏教文化は、北魏の影響を受けていますし、百済の仏教文化は揚子江流域を中心とした南朝の仏教との関係が深いと言われます。国寺での九重塔の建立の淵源は、北魏の永寧寺にあったと見てよいでしょう。

本章では、北魏の永寧寺、新羅の皇龍寺、百済の弥勒寺などの国寺を取り上げ、百済大寺、そして大官大寺建立の歴史的背景を考えるとともに、東アジア間での文化交流について検討したいと思います。

天皇発願の百済大寺、藤原京の都市計画の重要要素として造営された国家筆頭の大官大寺では、壮大な九重塔が建立されたことが考古学的にも確認されました。天武天皇造営の大官大寺についても、『日本書紀』などの史料に九重塔を建立したという記録は見えませんし、その遺跡も明らかにできていませんが、「大寺」と呼ばれていることや造寺の経緯や趣意などから、木造九重塔が建立されたと見てまず間違いないでしょう。

七世紀の国家筆頭の官寺では九重塔が建立されましたが、奈良時代の国家寺院、たとえば大安寺や東大寺では、七重塔の建立に変わっています。諸国国分寺でも七重塔が建立されていますが、これも平城京の国家寺院に準ずる考えに基づいています。

百済大寺と文武朝大官大寺の九重塔は、東大寺東塔や西塔の七重塔と比べて遜色ない巨塔でしたし、平城京大安寺の東西両塔も、東大寺の両塔に次ぐ壮大な七重塔であったことが明らかになっています。

北魏洛陽城と北魏の仏教寺院

中国では五世紀中頃から、五八九年に隋が中国を統一するまでの間、揚子江流域を中心として漢民族が築いた南朝諸国と、華北の地を中心に鮮卑族が築いた北朝諸国とが対立して争い続けました。この百五十年間を「南北朝時代」と呼んでいます。

北朝の最初の王朝が北魏です。北魏は北方民族の鮮卑族の拓跋珪（道武帝）が、三八五年に魏王を称して、三九八年に平城、今の大同市を都として建国した国です。北魏は四三九年に華北を統一します。有名な雲崗の石窟は大同の近くにあり、平城に都があった時代の北魏の仏教文化を象徴的に示す仏教施設です。

四九四年、孝文帝は都をより南方の洛陽に遷します。その後、北魏は、漢化政策を推し進めたことに対する北方民族の抵抗によって、五三四年に東魏と西魏とに分裂します。しかし、東魏は五五〇年に、西魏は五五六年に滅びてしまいます。

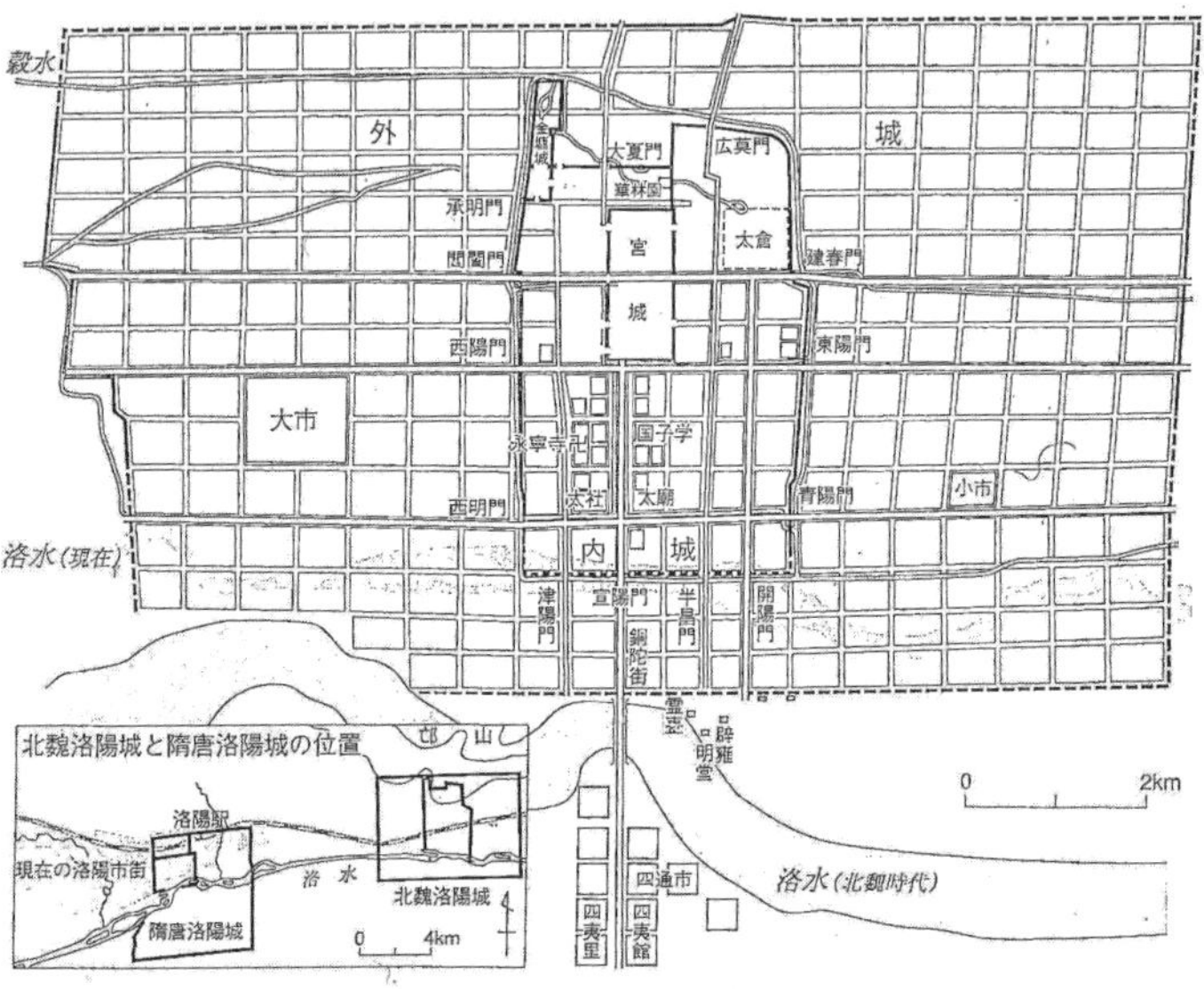

図18　洛陽城と永寧寺の位置

北魏の首都洛陽城は、四九四年から五三四年までのわずか四十年間の都でしたが、その都城は画期的な構造を実現しており、中国都城史上、大きな意義を持った都城でした。

　初期の北魏洛陽城は、南北九里（約四キロメートル）、東西六里（約二・六キロメートル）の南北に長い長方形の範囲を占めており、宮城はその中央の北寄りに設けられました。

　六世紀初頭、宣武帝は洛陽城を拡大して、当初の城域を内城として、その周囲に外城を築いて面目を一新します。外城は南北十五里（六・五キロメートル）、東西二十里（八・七キロメートル）の横長平面の範囲を占めました。拡大後の北魏洛陽城は、宮城・内城・

外城の三重の城壁からなり、空前絶後の壮大な都城が出来上がります。中国古代都城発達史上、画期的な変革を実現したのです。

外城内には東西・南北に直線道路が通され、整然と区画された里坊が整えられました。里坊は身分階層によって広さなどに格差をつけた住宅地であり、宮城の南方の外城内の西・東・南には大市・小市・四通市が配置されました。宮城の北に市を置く「面朝後市」が『周礼』に記された伝統的な都城設計思想であったのですが、それが改められたのです。いっぽう、北の宮城から南の円丘を結ぶ南北線を軸線として、「左祖右社」つまり東に祖廟、西に社《しゃ》稷《しょく》を置く配置構造は、『周礼』に記された伝統的な都城思想が踏襲されています。条坊を備えた三重構造の都城は、後代の都城、たとえば唐の長安城の宮城・皇城・外城の平面構造の基になりました。中国都城の基本構造は北魏によって造り出され、その後の都城へ多大な影響を及ぼしたのです。

仏教は、中国へは漢代に伝来しましたが、三国時代を経て、とくに南北朝時代に大きく発展します。これより先、五胡十六国時代には、中国東北部や西北部に生まれた胡族国家では、高僧を迎え、経典の翻訳や造寺・造仏事業を盛んに行っています。

これが先駆けとなって、仏教は、北朝では、南北朝時代とくに五世紀頃から盛んになり、皇帝や上流階層が帰依し、造寺・造仏が盛んに行われるようになります。洛陽はその中心地となり、なかでも北魏の時代は中国仏教発展の大きな画期で、洛陽には多数の仏寺が建造されます。

『洛陽伽藍記』によると、洛陽城内に一三五七ヵ寺、全国に一万三七二七ヵ寺があったとあり、とくに洛陽城内に所在した五十五ヵ寺の様子、政治・社会・人物などについて記載しています。寺院については、華麗な装飾、仏像の美しさや霊験性、異国情緒豊かな技術などについて詳しい記述が見えます。ちなみに、『洛陽伽藍記』は東魏の楊衒之《ようげんし》が、北魏末の混乱で荒廃した洛陽の様子を嘆いて、往時の洛陽城の繁栄ぶりを記載したもので、仏教寺院を中心に記述しています。このように、洛陽城内には多数の寺院が営まれましたが、永寧寺は、その中の筆頭寺院として建設されたものであったのです。

永寧寺の創建と伽藍

永寧寺は、孝明帝の熙平元年（五一六）、母の霊太后胡氏つまり先代の宣武帝の皇后が発願して創建された寺院です。宣武帝の没後、孝明帝がまだ幼少であったこともあって、霊太后が皇太后として北魏政治の実権を握りました。

これより先、天安二年（四六七）、当時の北魏の首都平城で、献文帝によって永寧寺が建立されています。平城の永寧寺は、広大な規模を誇っており、高さ三百余尺の七重塔が建立されています。七重塔は皇帝発願の寺院として相応しい壮大な塔でして、洛陽永寧寺は、この平城永寧寺を引き継ぎ、それに倣って建立されたのでしょう。

洛陽永寧寺は、宮城南正門の閶闔門《しょうこうもん》から南に延びる「御道」すなわち内城の中心大路の西側で、宮城の南方五〇〇メートルほどの所に位置しています。なお、閶闔門とは宮門のことですが、「天上界の門」という意味もあり、皇帝の宮殿を象徴的に示す呼称です。皇帝の宮殿は、「天上界を統べる天帝」の常居に擬えて建設されたことを示しています。

洛陽永寧寺の伽藍を解明する調査は一九六三年に始まります。まず、ボーリング調査によって、寺域の範囲、大殿・塔・南門・東門・西門などの所在が分かり、一九七九年以降、塔・南門などを対象に発掘調査が行われました。一九九四年には、中国社会科学院考古研究所と奈良国立文化財研究所が合同して、塔の周辺、西門、西面築地塀の発掘調査を実施しました。こうした発掘調査によって、永寧寺の伽藍配置や堂塔の概要が明らかになっています。

寺域を限る築地塀と門

永寧寺の寺域は、南北三〇一メートル、東西二一二メートルの南北に長い範囲を占めていました。東側は先の「御道」から一本西側の坊間路で限られ、西側は津陽門大道に、南北も東西大路に面しており、寺域の周囲は洛陽城内城の条坊道路によって囲まれています。

文武朝大官大寺の寺域は、洛陽永寧寺とほぼ同規模であることが注目されます。

周囲は築地塀で囲まれており、寺域の西南隅には角楼が設けられていました。他の三隅にも角楼があったのでしょう。門は、南面の中央に南門、東西に西門と東門が開き、北面には小規模な門が設けられていました。

築地塀は、掘込地業を伴う版築土塀と分かりましたが、幅二・二一〜三・九メートル、高さ〇・一五メートルほどを残す程度でした。発掘によって、その外面は朱色に塗った漆喰壁としていたことが明らかになっています。文献によると、屋根に短い垂木が架かり、その上に瓦を葺き、塀の周囲には槐が植えられ、外側には外溝が巡らされていたとあります。

南門は南面築地塀の中央に開く最も規模の大きな門でした。基壇は版築工法で築いており、東西四五・五メートル、南北一九・一メートルで、高さは一・二メートルの規模の基壇と分かりましたが、基壇化粧は残っていませんでした。基壇の周囲には、瓦片を敷いた幅一・三メートルの犬走りが巡っていることが明らかになっています。

基壇上には礎石は残っていませんでしたが、三列に並ぶ二十四個の礎石抜き取り穴が発見されました。礎石抜き取り穴は方一・二五メートルほどの大きさです。礎石抜き取り穴の配置状況から、南門建物は、東西七間で総長三七・九メートル、その中央間五間分の柱間隔は各五・六メートル、両脇間は四・九五メートルを測り、南北は二間で総長一三・七メートル、各柱間は六・八五メートルと復原できました。

『洛陽伽藍記』の記載によると、南門は三階建ての高さ二十丈、すなわち約五〇メートルの楼門で、門道は三本あり、壁には雲気や仙人、神霊が描かれ、拱門《きょうもん》、すなわちアーチ門には四力士と四獅子が配され、金・銀・珠玉で飾っていたとあります。たいへん壮麗な門であったようです。なお、中央の柱間の広い三間分にそれぞれ門道が設けられていたのでしょう。真ん中の門道は皇帝が通る時に使う門道であったのでしょうか。南門の東西の中央には、寺域の南を限る築地塀が取り付いていました。

西門と東門とは門道三本の二層の楼門とされ、南門よりも小規模です。西門跡は発掘調査されており、南北二四〜三〇メートル、東西一八・二メートルの範囲に版築基壇が残っていました。基壇上には礎石一個が原位置に残っており、また、礎石抜き取り穴三ヵ所が発見されたことによって、西門は南北七間、東西二間と復原されています。東門も同規模の門であったのでしょう。北門については、基壇は削平されていましたが、門道一本で、単層の簡素な門と推定されています。

堂塔とその配置

伽藍配置は、南北中軸線上に南から北へ南門・塔・仏殿が一直線に配置されています。塔は、西門と東門の中心を結ぶ線に中心を合わせて建てられています。

塔は、孝明帝の神亀二年（五一九）に完成します。『洛陽伽藍記』によると、塔は木造九重塔で、塔の刹上つまり心柱上に宝瓶があり、その下に金の三十重の露盤があり、その

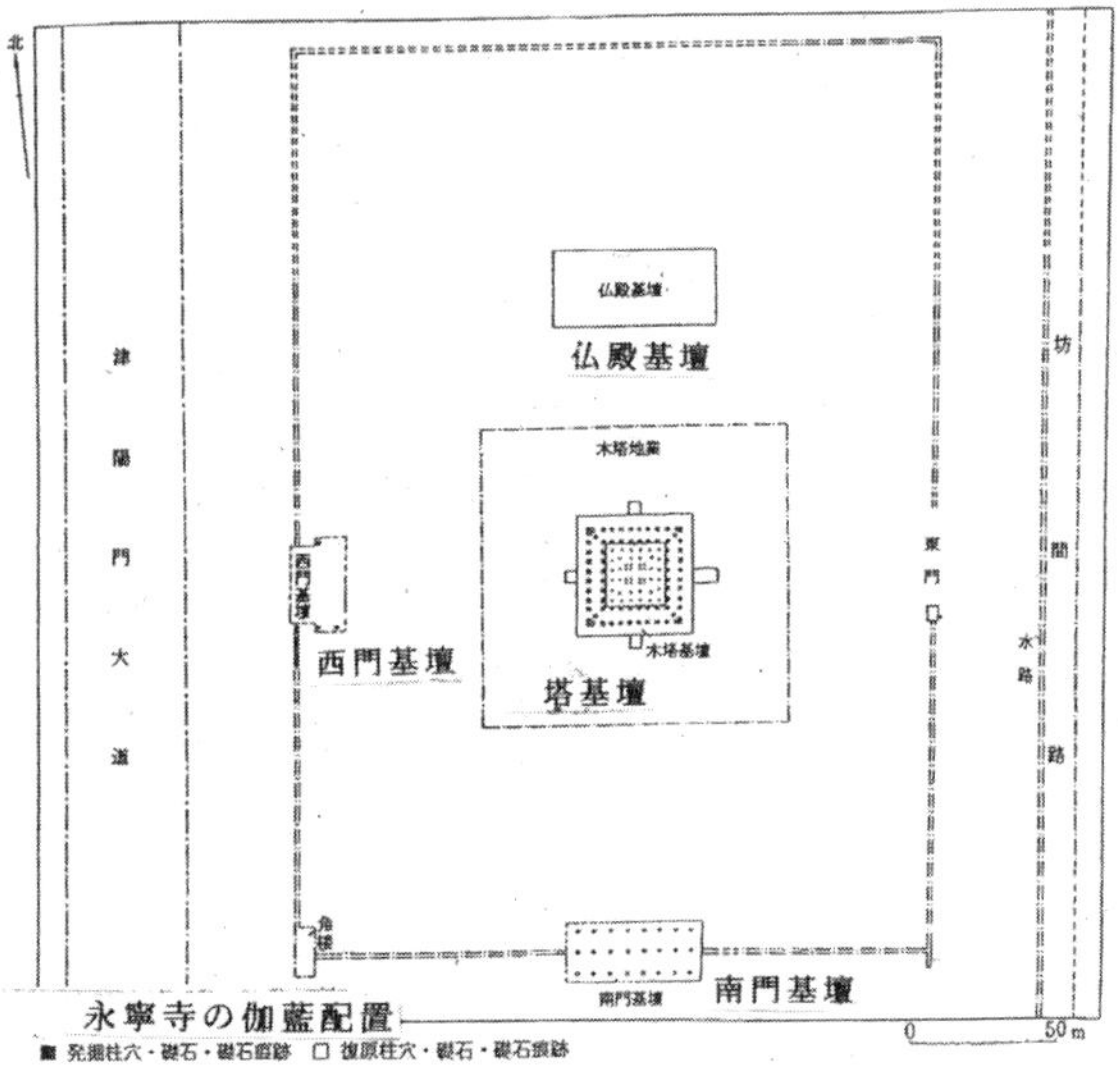

図19　永寧寺の伽藍配置と寺域

周囲に計百二十個の金鐸が掛けられているとあります。そして、塔の高さは千尺で、百里離れた所からも望め、金の風鐸の音色は十余里まで聞こえたと記されています。

また、『水経注』には、塔は方十四丈で、金の露盤より下は高さ四十九丈であったと記されています。「水経」は中国全土の河川を中心とした地誌で、漢代の撰とされますが散逸しており、北魏の麗道元の『水経注』によって今日に伝えられています。また、『魏書』釈老志によると、九重塔の高さは四十余丈とあります。

ところで、『洛陽伽藍記』に記された九重塔の高さ千尺とは、どの位の高さになるのでしょうか。北魏の一尺は二五～二七センチメートルです。一尺を二七センチメートルとしますと、塔の高さは二七〇メートルになります。『水経注』には、露盤より下の高さは四十九丈すなわち四百九十尺とあり、一三二メートルほどとなります。総高一四〇メートルを超えていたのでしょうか。いずれにしても、非常に高い塔であったことは疑いありませんが、正確な高さは明らかではありません。

永寧寺の九重塔は、孝武帝の永煕三年（五三四）、落雷によって、完成から僅か十六年間で焼け落ちてしまいます。『洛陽伽藍記』には、心柱の根元は一年たってもくすぶっていたと記されており、火災のすさまじさが伝わってきます。この年、北魏は東魏と西魏とに分裂します。西魏は長安を都とし、東魏は鄴《ぎょう》、すなわち「邯鄲夢枕」の邯鄲の地を都としており、洛陽永寧寺はわずか二十年足らずで命脈を閉じ、廃寺となってしまいました。

九重塔跡・仏殿跡の発掘

九重塔跡の発掘では、基壇とその掘込地業、そして初層の建築遺構の一部が発見されました。掘込地業はたいへん広大で、塔基壇部分を中心に、東西一〇一・二メートル、南北九七・八メートルの範囲に及んでいました。掘込地業は底に砕石や瓦片を敷き、その上に黄褐色土を厚さ一二～一五センチメートルの厚さで版築しており、全体の厚さは二・五メートルに及ぶ堅固な基礎固めが行われていました。塔の基壇は、三八・二メートル四方の方形で、版築して築いています。基壇の高さは二・二メートルあり、掘込地業を合わせれば、版築層の厚さは四・七メートルに及んでいます。

基壇は、四周に長方形板状の青石を積み上げて外粧されていました。東西南北の各面には、それぞれ版築工法による斜道が設けられており、その表面には青石が敷かれています。階段の役目を果たしたのでしょう。

基壇化粧石と斜道に敷かれた板状青石は、長さ〇・六〜〇・九メートル、幅〇・五メートル、厚さ〇・二五メートルほどの大きさのもので、表面に細密な斜行条文が施されています。板状青石は間に石灰をつめて接合されていました。

基壇の周囲には、浮彫り文様を施した高欄片や、螭首《ちしゅ》片が散乱しており、これらによって基壇の縁に高欄が巡らされ、基壇の壁面に石彫の螭首などを飾って外装していたことが知られます。

木造九重塔は版築基壇上に建てられており、初層建築の基部の一部が残っていました。初層は、中心部に塼積みで方形の塔心部を築き、その周囲に殿堂式回廊がめぐらされていました。方形の塔心部は方一九・八メートルで、塼を積み上げて築いており、高さ三・七メートルが残っていました。

基壇上面には、百二十四本の木柱の礎石と礎石跡が四角く五重にめぐらされていました。このうち、一重目・二重目・三重目の木柱は塼積みの方形の塔心部中に位置しており、四重目の礎石は方形塔心部の外縁に位置し、五重目の礎石は基壇の縁から四メートル内側に据えられていました。すなわち、四重目と五重目の木柱は塔心を囲む殿堂式回廊の柱にあたります。したがって、塔の初層は平面方形で、一辺は三〇・二メートルということになります。殿堂式回廊部分は各面九間であり、各面の柱間距離は三メートルで、奥行は四・一メートルと復原されています。殿堂式回廊部分の床面は漆喰塗りで整えていました。

『洛陽伽藍記』によると、塔心柱は一年間くすぶっていたとあることは先に触れましたが、残念ながら心柱は確認されていません。ただ、殿堂式回廊では、炭化した木柱が多数残っており、すさまじい火災の様子を伝えています。

図 20　塔跡発掘全景（奈文研提供）

塔心部の東・南・西の各面には、塼積壁面と四重目の柱礎石までの間に円弧状の龕《がん》が設けられており、龕の中に菩薩像など大小さまざまの塑像が安置されていたようです。なお、塔心部の北側の壁面には円弧状の龕はなく、柱穴四個が残っており、梯子を架けた木柱であったと思われます。

このように、塔はその初層に塑像を安置し、壁には壁画を飾るなど、粋を尽くした優美な最高水準の巨塔であったのです。

仏殿は九重塔の北方で、中軸線上に位置しています。

基壇は大きく破壊されており、その基礎の掘込地業のみが発見されました。掘込地業は東西に長い長方形平面で、東西長約五四メートル、南北約二五メートルの大きさでした。ただ、建物の礎石や柱位置を示す痕跡は全く認められず、仏殿の規模や構造は復原できません。基壇の大きさからすると、平城宮大極殿と同程度の規模の建物が建っていたのでしょうか。『洛陽伽藍記』によると、仏殿には、高さ一丈八尺の金像一体と等身大の金像十体が安置されていたとあります。丈六の金銅仏が本尊であったのでしょう。

僧坊は千余間という記載があり、多くの僧侶がいたようです。僧坊は寺域の北方にあり、破壊が著しく、基礎部分の一部が発見されただけとあります。報告書には、発見地などを示す図面などがなく、多く不明としなければなりません。僧坊が分かると、北魏の仏教の理解はより深まるのですが、残念です。

屋根瓦と塑像

永寧寺の発掘では、各種建築材や多量の彩色塑像片が出土しました。建築材としては長方形・方形の塼《せん》がありますが、多くはありません。獣文のある破片も少量が出土しています。石製建築材としては、浮彫り文のある高欄石や、基壇の壁面に飾られた螭首石彫の破片が出土しています。

瓦には、平瓦・丸瓦・軒瓦・鴟尾《しび》などの破片があり、黒色の平瓦・丸瓦・軒瓦が大量に

図21　永寧寺出土の軒丸瓦

出土しています。軒丸瓦には、獣面文軒瓦・単弁蓮華文軒瓦・複弁蓮華文軒瓦・複弁蓮華化生文軒瓦・忍冬文軒瓦・変形忍冬文軒瓦・双頭渦巻文軒瓦など非常に多種多様の文様を飾る瓦が使われています。双頭渦巻文軒瓦は漢代の瓦の系譜を引くものです。

とくに注目されるのは、複弁蓮華文軒瓦が多く出土していることです。複弁蓮華文を飾る最も古い軒瓦です。複弁蓮華文軒瓦は唐の時代に盛んに使われており、唐様式とも言えるものですが、複弁蓮華文軒丸瓦の淵源は北魏の永寧寺にあったのです。

日本では、飛鳥時代前半期にはもっぱら百済系や高句麗系の単弁蓮華文を飾る軒丸瓦が使われており、複弁蓮華文軒丸瓦は、六六〇年代に創建された川原寺で使用が始まっています。百済様式から唐様式への転換です。その後、藤原宮や藤原京の官寺の文武朝大官大寺、薬師寺、そして奈良時代の平城宮や平城京諸大寺ではもっぱら複弁蓮華文軒丸瓦が使われています。唐で盛んに使用された複弁蓮華文軒丸瓦が導入されたのでしょう。

彩色を施した塑像が多数出土しており、いずれも塔内のアーチ型の龕に安置されていたものと推定できます。人物塑像が多数あり、大型・中型・小型の像があります。焼けただれた状態のものも多く、大半は木造塔が焼け落ちた時に、大きく破損していました。

大型の人物塑像は如来像が主体で、中型の人物塑像は菩薩像が主体でした。小型の人物塑像は仏・菩薩・弟子などのほか、世俗服あるいは胡服をまとった各種の供養人、侍従、儀杖の様子を示す人物など多数が発見されています。

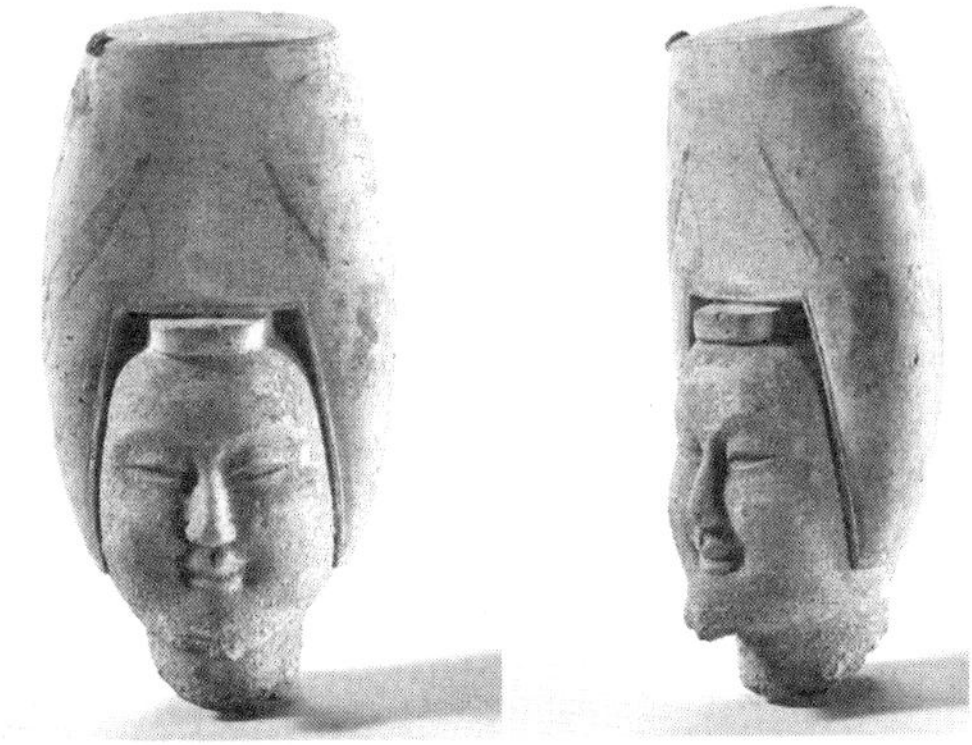

図22　九重塔殿堂式回廊出土の塑像(奈文研提供)

人物塑像のほか、仏像の背景を現す塑像があり、龕《がん》柱・龕楣《まぐさ》・台座・光背・帷幕《いまく》・壁画・瓔珞《ようらく》・蓮華の葉・蓮華の花びら・蓮華の蕾・菩提樹・銀杏の木などが認められます。全体で供養の場面を現しているようです。

このように、龕に納められた仏像は如来像を主尊として、その脇に菩薩像二体、あるいは弟子像二体を添えていた形に復原できます。これらの主要像の周囲や龕外の壁面には、当時の皇帝や貴族の宗教活動を反映した礼拝図、仏教説話図、仏伝図の物語が浮き彫りで表現されていたようです。

塑像の題材と表現内容は、同時期の石窟造像と共通しており、製作技術はより精美で、表現手法も精密です。人物は生き生きと造形されており、当時の仏像芸術の傑作と言えるもので、北魏の仏教文化の高潔さや質の高さを伝えて余りあります。

北魏の仏像

北魏の仏像は、北魏の漢化政策に対応するように漢風化していきます。四八〇年代以降、仏像は肌の露出を抑え、漢族の服飾を採り入れ纏《まと》った表現となり、仏像の顔つきや体つきは細くなり、秀麗な趣をたたえるように変わります。

雲崗石窟と龍門石窟は、北魏皇帝の主導で開削された石窟で、その規模、そして彫刻の精美さは群を抜いています。平城時代に開削された雲崗石窟の彫刻は、まだ北方民族の伝統を色濃く残しているのに対して、洛陽遷都の翌年から開削が始まった龍門石窟の彫刻は漢族文化の色彩が顕著になっていきます。

北魏は漢民族国家の南朝に対抗して、政治・文化面で漢化政策の方針をとり、仏教を民心を安定させる思想政策の柱に据え、造寺・造仏を盛んにすることによって現世利益を得ることを目指したのです。

後期の北魏では弥勒信仰が強くなっていきます。弥勒菩薩は、釈迦入滅後に、この世に下生して、竜華三会の説法によって、釈尊の救いに洩れた衆生をことごとく済度するという未来仏でした。龍門石窟は、弥勒信仰を主体に、支配者が民衆を統治する道具の一つとして開削したものだったのです。

六世紀初頭の二十～三十年間、洛陽は仏教の都として大きく発展しました。洛陽では、仏教を隆盛させる北魏の政策の一貫のなかで、国の仏教政策の中心寺院として永寧寺が建立され、龍門石窟が開削されたのです。ただ、この段階には、まだ、国家寺院を都城の中の東西に配置するような仏教政策は熟していなかったようです。

現在、永寧寺跡では九重塔を中心に基壇を復原的に示す整備が行われています。また、初層の塔心部の塼積み部分や、その周囲の殿堂式回廊部分も発掘時の状況が分かるように復原的に表示されています。

新羅の皇龍寺

次に、新羅の皇龍寺を取り上げましょう。新羅で仏教が正式に公認されるのは、法興王十四年（五二七）です。ただ、仏教信仰を推進する法興王と反対する真骨貴族との間で受容をめぐって対立がありました。

高句麗が仏教を公認したのは三七二年、百済が公認したのは三八四年ですので、新羅の公認はかなり遅れます。ただ、新羅での私的信仰は五世紀には始まっており、王室では早くに仏教が信奉されていて、宮内に仏堂が作られていました。

王室による仏教の公認後、王都の内外に国家的寺院や私寺が多数造営されます。『三国遺事』には、七処伽藍として王都にあった皇龍寺・芬皇寺・四天王寺などをあげており、これらの諸寺には「成典」という官庁が置かれ、国家によって造営・修築・経営が行われました。こうして新羅の仏教は護国仏教の色彩を強めていきます。その中心寺院が皇龍寺であったのです。

新羅皇龍寺の歴史と性格

新羅は、建国した四世紀から、六六八年に朝鮮全土を統一した統一新羅時代を通じて韓国の東南部にある慶州盆地に都を置き、「金城」や「金京」と称しました。そして、盆地の南寄りにある独立した台地上に王宮として「月城」を営みます。近年、月城の北側の平坦地が発掘されていて、官衙施設などが発見されています。

また、月城の北方には「雁鴨池」と呼ばれる大規模苑池跡があります。「雁鴨池」は後の呼名で、統一新羅時代には「月池」と呼ばれていました。「月池」は、統一新羅を建設した文武王が六七四年に王宮付属の苑池として造ったもので、東宮の建築群を伴っています。

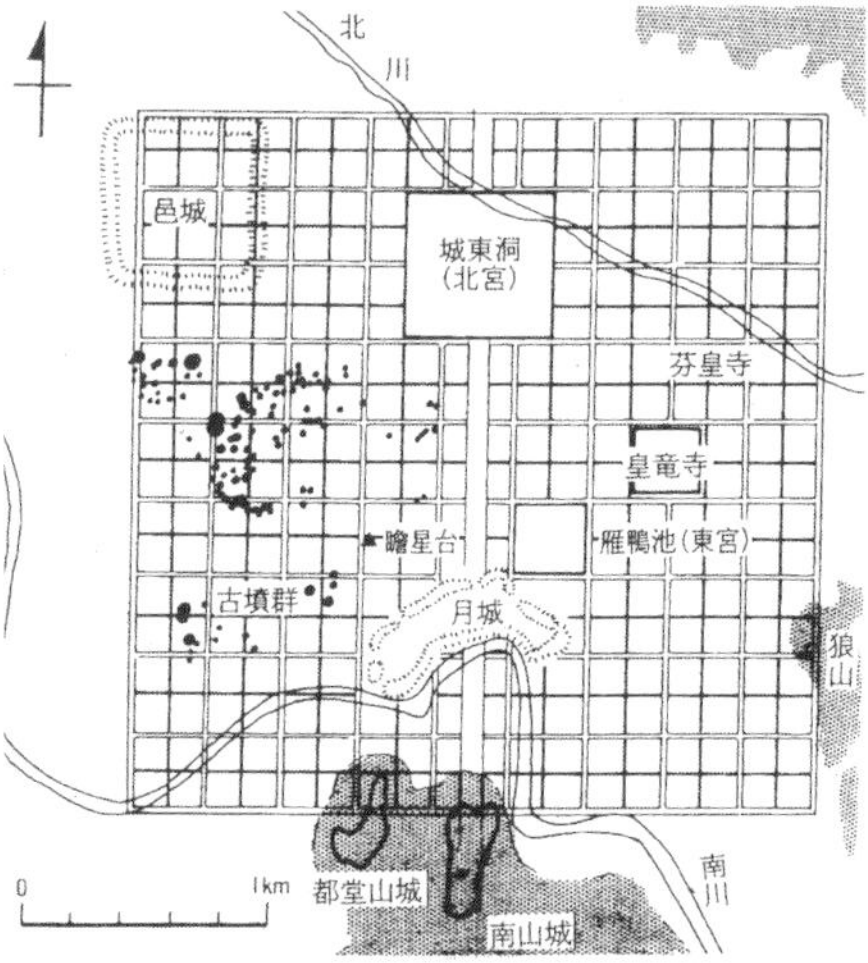

図23　新羅王京と皇龍寺の位置

皇龍寺は、この雁鴨池跡の東北方に位置しています。雁鴨池と皇龍寺との間では、南北道路遺構が発見されています。この道路遺構は統一新羅時代の条坊街路跡で、皇龍寺は碁盤目状に街路を通した区画の中に位置しているものと推定できます。なお、芬皇寺は皇龍寺のすぐ北にあり、両寺の寺域は接していたようです。

皇龍寺は、新羅仏教史上、最重要で最大の寺院でした。その創建については、『三国史記』真興王十四年（五五三）二月条によると、王が役人に命じて新しい宮殿を月城の東に作らせようとしたところ、黄龍が現れたので不思議に思い、改めて仏寺を造り、皇龍寺と号したとあります。そして真興王二十七年（五六六）に完成したと記しています。さらに、大建六年（真興王三十五年＝五七四）三月、丈六の尊像と二つの脇侍像を鋳造したとあり、真平王五年（五八四）に金堂を造成したと見えます。また、『三国遺事』皇龍寺条には、五六九年に周囲の塀が完成したとの記載があります。このように、文字史料には、六世紀の中頃から後半にかけて、真興王と真平王とによって皇龍寺が建立されたと記載されているのです。

ところが、七世紀代にも皇龍寺の堂塔を造営した記事が見えます。『三国史記』善徳王十四年（六四五）三月条によると、善徳王が「皇龍寺の塔を創造す。慈蔵の請いに従うなり」とあり、慈蔵の勧めによって皇龍寺の塔が造営されたと記しています。また、『三国遺事』皇龍寺九層塔条や「皇龍寺刹柱本記」には、九重塔の造営の経緯が詳しく記載されています。

一九六四年、皇龍寺塔跡を発掘した際、心礎の舎利穴に舎利具とともに納められた舎利函が発見されました。舎利函は一辺二二センチメートル程度の箱形で、その三面の内側に「皇龍寺刹柱本記」の陰刻銘が刻まれていました。

「皇龍寺刹柱本記」銘文は、八七二年の朴居勿《パクコムル》の撰で、皇龍寺塔の「始建之源」について詳細な記載があります。銘文は約九百文字を七十四行で記しており、その概要は次の通りです。

「皇龍寺の九重塔は善徳大王代に建てたものである。昔、善宗郎という真骨の貴人がいた。若い頃、殺生を好み、鷹を放って雉を捕まえたところ、雉が涙を流して泣いたのを見て発心し、出家して慈蔵となった」。「慈蔵は六三八年に入唐して仏教を学び、六四三年、帰国する時、終南山の円香禅師のもとを訪ねると、禅師は皇龍寺に九層の卒塔婆を建てれば、海東の諸国はすべてあなたの国に降るでしょう」と述べた。「慈蔵は帰国してその旨を王に伝えた。王は伊干（伊湌《イサン》）の龍樹や大匠の百済の阿非《アイ》等《ト》に命じ、小匠二百人を率いてこの塔を造らせた」。「六四五年に建て始め、翌年完成した。鉄盤以上の高さは七歩、以下の高さは三十三歩三尺である」とあります。

すなわち、唐に留学していた慈蔵が、終南山の円香禅師から諸国からの災いを鎮めるために九重塔の建設を勧められたことが契機となって塔の建立に至ったと記されているわけです。そして、九重塔は百済から大匠、つまり大工の長の阿非等らが迎えられ建設されたとあります。百済の工人や技術によって建設されたようです。

九重塔の高さについては「皇龍寺刹柱本記」にある鉄盤以上の高さ、つまり露盤の高さ七歩は四十二尺であり、以下の高さ三十三歩三尺は二百一尺に当ります。したがって、塔の総高は二百四十三尺となります。『三国遺事』には塔の高さは二百二十五尺とあり、九重塔は総高二百二十五尺から二百四十三尺であったようです。高麗尺（東魏尺）を使って建設しているのであれば、塔の総高は八〇メートルから八六メートルほどとなります。

ちなみに、「終南山」は長安の南方にある山で、古来名山として、静寂の地を求めて仏僧・道士が好んで隠棲し、また文人墨客に愛でられ、よく詩に詠まれている山です。

以上のように、皇龍寺の九重塔は隣国からの災いを鎮めることを願って建立したとあり、その建立の趣意が注目されます。善徳王代には、皇龍寺には僧官の最高職の「国統」を兼ねる寺主が置かれており、皇龍寺は、名実ともに鎮護国家仏教の中心寺院に位置づけられていたわけです。

皇龍寺跡の発掘

皇龍寺の発掘は、一九七六年から八三年にかけて行われました。その伽藍は、大きく四時期に変遷したと整理されています。寺地は南北約二八四メートル、東西約二八八メートルと広大な範囲を占め、全域が盛土して造成されているとの報告があります。

創建期の伽藍（次頁図24右）は、中門・回廊・翼廊・僧坊様建物が発見されていますが、金堂と塔とは再建時に破壊されてしまっていたようで遺構は確認できていません。伽藍中心部は、中門の東西から北へ延びる回廊があり、この南北回廊によって南北に長い三つの区画に区分されているとされています。東区画と西区画は両端を僧坊様建物で限り、その北辺には僧坊と見られる東西棟三棟が並んで建っています。

中央区には、中門・塔・金堂が南北中軸線上に並んで配置されていたと推定できますが、塔と金堂の遺構は残っていませんでした。西回廊の南北の中央やや北寄りに、東に向かう翼廊の痕跡が認められ、翼廊が金堂に取り付いていたようです。

この創建伽藍は、六世紀の中頃から後半にかけて、真興王と真平王とによって建立された伽藍にあたるのでしょう。全体として特異な伽藍構造で、宮殿としての工事が相当に進んだ段階に寺院としたことによるのでしょうか。

再建伽藍（図24中央）は、中金堂や九重塔が建造され、一塔三金堂の伽藍配置となって

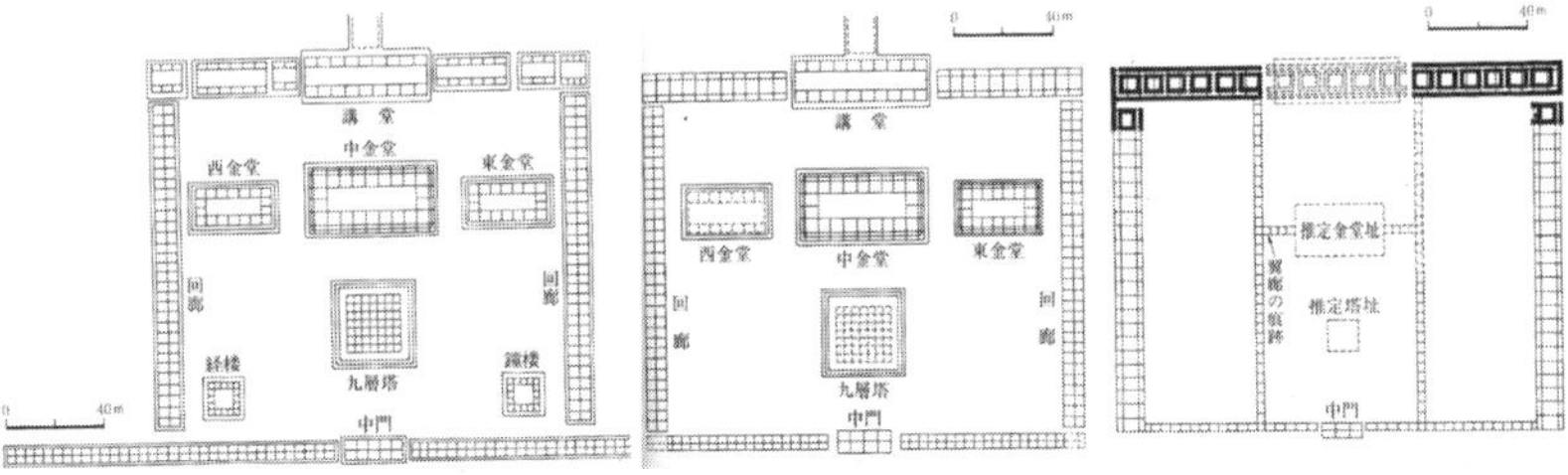

図24　皇龍寺伽藍の変遷（右から、創建期、再建時、最終期）

います。中門は創建期の中門を六メートル南に移して建てられており、南北中軸線上に建つ中金堂の東西に中金堂よりも一回り小さい東西金堂が配置されます。創建期の東西の回廊は取り払われ、創建期の僧坊様建物を東西回廊として使用したようです。

九重塔は中金堂の真南に建立されています。講堂は金堂の北に配置され、その東西に回廊が取り付いていたと推定できます。塔と金堂とを囲む東面回廊と西面回廊との間の中心間の距離は約一六五メートルであり、その規模は吉備池廃寺の東西回廊間の距離とほぼ同規模です。

最終段階の伽藍（図24左）は、再建伽藍を維持しつつ、九重塔の東西のやや南寄りに、鐘楼と経楼が建設されます。いずれも東西棟です。東南側の建物は鐘楼と考えられており、基壇中央下面に川原石を敷き、その上に巨大な割石が円形に配されており、音響効果を狙った工法かと想定されています。中門は、再建伽藍の中門と南面回廊をさらに南に移動し、複廊の南面回廊を東西に長く延ばしています。その後、鐘楼・経楼は正方形建物に改造され、東面回廊と西面回廊も複廊とされ、中門や講堂も改造されます。

皇龍寺は、『三国遺事』皇龍寺九重塔条によると、高麗末の一二三八年冬、西山に兵火があり、塔寺丈六殿宇が皆焼けるとあり、モンゴル軍の侵入によって伽藍の総てを焼失してしまいます。「皇龍寺丈六条」には「大像と二菩薩が皆融没した」とあります。高麗時代には最終の改造が行われたようで、地表に残されていた伽藍は、この高麗時代に改造された伽藍であったわけです。

なお、新羅と高麗の寺院は、モンゴル軍の侵入、倭寇、そして李朝の政策によって、大半が荒廃してしまい、現代まで存続する寺院は極めて稀な状況です。大半は礎石や石塔、幢竿《どうかん》支柱を残すのみとなっています。

金堂跡の発掘

まず、金堂跡について述べましょう。金堂には四十四個の礎石が原位置に残っています。この礎石の配置から、金堂建物は、東西九間（総長四五・九メートル）、南北四間（総長二〇・四メートル）の規模で、柱間の距離は桁行、梁行ともに唐尺で十七尺等間と復原できます。基壇は二重基壇で、東西総長百六十三尺（四八メートル余）、南北総長八十一尺（二四メートル余）の大きさです。基壇の化粧法は、上成基壇・下成基壇ともに地覆石の上に板石の羽目石を立てて化粧していました。下成基壇上には廂を支える礎石列があり、

図 25　皇龍寺中金堂跡の発掘（西から）

図 26　皇龍寺中金堂三尊像石造台座

軒出十二尺の廂が回っていたことが分かります。階段は、上成基壇と下成基壇の南面に三つあり、北面には一つの階段が設けられていました。

中金堂の内陣は東西七間、南北二間の規模で、その中央後面に丈六像の石造台座と、その両側に脇侍の台座が残っています。台座には枘穴《ほぞあな》が穿たれており、その在り方から丈六像とその脇侍は、いずれも立像であったと推定されます。

『三国遺事』皇龍寺丈六条には、「大建六年甲午三月に丈六尊像と二菩薩像を鋳成した」とあり、同条が引く「寺中記」には、癸巳《きし》十月十七日に丈六尊像と二菩薩像を鋳成したと記されています。大建六年は隋の年号で、真興王三十五年（五七四）に相当しており、癸巳年は、その前年の五七三年にあたります。なお、「寺中記」には、「真平王五年甲辰（五八四）、金堂造成す」と見えます。まず、丈六像・脇侍像が鋳造され、遅れてそれを安置する金堂が建設されたのでしょうか。

なお、東金堂と西金堂は、ともに東西七間、南北四間の四面廂付きの東西棟建物と復原できます。西金堂の基壇土からは、金銅製耳飾り・青銅製容器・各種玉類・銅鋌などの地鎮具が発見されています。

塔跡などの発掘

次に、九重塔を取り上げましょう。『三国史記』善徳王十四年（六四五）三月条によると、

図27　木塔跡全景（東南から）

善徳王が「皇龍寺の塔を創造す。慈蔵の請いに従うなり」とあり、また、『三国遺事』皇龍寺九層塔条や「皇龍寺刹柱本記」には、九重塔の造営の経緯が詳しく記載されていることは、先にも述べました。

九重塔には、基壇の高まりと心礎を含むすべての礎石が原位置に残っています。基壇は板石列を三重に並べた三段の基壇であることが分かりました。上成基壇は一辺約二九メートルの大きさで、側柱から三・四メートル外側に基壇の縁があり、地覆石・羽目石・葛石《かずらいし》によって化粧されています。中成基壇は一辺約三二メートルで、上成基壇の周囲に犬走り状に巡らされ、外縁に板石列が配されています。側柱から外縁板石列までの距離は四・九メートルを測ります。

下成基壇は一辺約三四・五メートルで、外縁に切石による板石列を巡らし、その内側に蓮華文塼を敷き詰めています。側柱から縁石までの距離は八・〇メートルを測ります。階段は、南面に三ヵ所、北・東・西の各面に各一ヵ所設けられていました。

基壇はたいへん堅固に築かれていました。深さ一・三メートルほどの掘込地業があり、その底部に一〇センチメートル大の川原石を厚さ三〇センチメートルほどで詰め込んで基礎を固め、その上に礫層と土層とを水平に互層に積んでいました。礫は一〇～二〇センチ大の川原石を使い、盛土は黒色粘土、黄褐色粘土、赤褐色粘土、黒褐色粘土を積んでおり、全体では二十層ほどを数え、厚さ二・三メートルほどに及んでいました。こうした基壇基礎の構築法は百済の寺院の堂塔では見られない工法です。

塔跡には礎石六十四個と地上式心礎が残っていました。礎石は、一・三メートル×一・四五メートルほどの大きさで、厚さは〇・五～〇・六メートルほどです。礎石の上面には方形の柱座が造り出されていました。

図28　木塔跡東面の下成基壇と塼敷

礎石の配置状況から、塔は初層一辺長が約二二メートルで、七間×七間の建物と復原できます。柱間は十・五尺等間で、高麗尺では九尺に割り付けられています。基壇規模や一辺約二二メートルの初層の規模は、この塔跡が九重塔であったことを確かに示しています。なお、一辺七間の九重塔は、百済大寺や大官大寺の九重

図 29　木塔の心礎・覆石と舎利孔

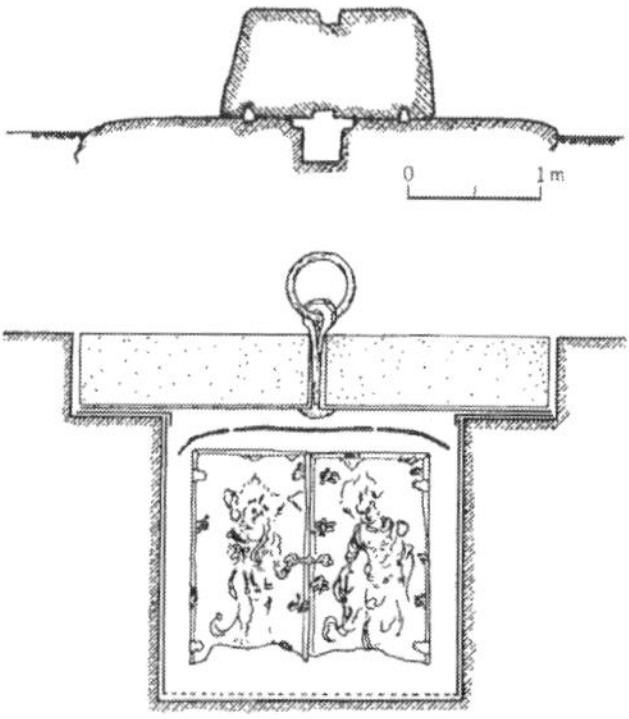

図 30　木塔の心礎舎利孔と舎利函図（上は、心礎・覆石・舎利孔の断面図）

塔を含めて、他に例を見ない特異な平面構造であることが注目されます。

心礎は今も現地に残っており、心礎上には、一辺一・六メートルほどの平面方形で、厚さ〇・九メートルほどの台形形の大石が置かれています。

一九六四年、この四角い石を動かして心礎上面の調査が行われました。調査の結果、心礎上面で舎利孔とその中から舎利函・舎利具などが発見されたのです。

舎利孔は心礎上面の中央に穿たれており、その平面形は方形で、二段に彫り凹められています。下段は舎利函を納めた方形の孔で、一辺二五センチ余、深さも二五センチほどを測り、上段は厚さ五センチほどの四角い蓋板を受けるための彫り込みでしょう。

舎利孔の各辺の外側には、各一個の小円孔

が穿たれています。心礎上の大石の下面には、この円孔と対応する位置に小円孔が穿たれており、込み栓によって固定されていたのでしょう。舎利孔はこの大石によってしっかりと覆われる形になっていたわけです。

心礎の舎利孔内には金銅製舎利函が納められていました。舎利函は、四枚の金銅板を蝶番でつないで箱形にしており、金銅板の大きさは横二三・五センチ、縦二二・五センチを測り、二二センチ余の大きさの箱であったことが分かります。

図31　皇龍寺伽藍復原模型

舎利函の外面には神将像が鋳出されており、舎利函の三面の内外に「皇龍寺刹柱本記」銘が陰刻されていました。その銘文の内容は先に紹介しました。金銅製舎利函の周囲には、金銅板仏・銅鋺・銅鏡・金銅製垂飾・玉類・銀鋌・白磁壷などが埋納されていました。

一九六四年に発掘調査を担当した金正基さんによると、舎利孔内に納められていた舎利などは調査中の深夜に掠奪にあってしまったそうで、ほかに金・銀・銅製品があったと話していました。金正基さんは、当時、韓国文化財管理局の研究員でした。なお、「皇龍寺刹柱本記」

銘には、先にも述べましたように、塔の「始建之源」や重修のことが記されています。さて、月城の南に南山という岩山があり、多くの岩に石仏が彫り込まれていることで知られます。その石彫の一つに七重塔と九重塔とを線書きした図があり、この九重塔図は皇龍寺の九重塔を描いているのではないかと考えられています。

鐘楼は九重塔の南東に位置しています。根石群が発見されており、五間×五間の方形建物と復原できます。なお、『三国遺事』皇龍寺鐘芬皇寺薬師奉徳寺鐘条によると、七五四年に、「皇龍寺の鐘を鋳す。長さ一丈三寸、厚さ九寸」とあり、韓国現存最大の奉徳寺鐘よりも大きい梵鐘が吊り下げられていたようです。

出土遺物としては、瓦・塼、容器、金銅如来立像・青銅力士像、風鐸などの金属製品多数が発見されています。軒平瓦・軒丸瓦は五百余種と多種類のものがあり、高句麗系瓦も出土しています。ほかに鴟尾があり、蓮華文や宝相華文の周囲に唐草文を飾った方形塼が多数出土しています。龍頭も発見されています。

百済の弥勒寺

百済の弥勒寺は、全羅北道益山市金馬面箕陽里《キャンニ》に位置しており、百済後期の王都があった泗沘《サビ》、すなわち今の扶余の南南東約三三キロメートルの地に位置しています。南斉の陸《りく》杏《こう》が収録した『観世音応験記』の末尾に、「百済の武広王が都を枳慕蜜《きぼみつ》の地に遷し、新たに精舎を営む。貞観十三歳次己亥（六三九）冬十一月に激しい雷雨があり、遂に帝釈精舎を焼く」と見えます。帝釈寺跡は益山に所在しており、枳慕蜜は益山を指していると考えられます。武王の時に益山を都の地としたようで、泗沘の副都的なものとして位置づけられたと思われます。『旧唐書』百済伝には、「その王の居所に東西二城がある」とあり、二城とは扶余と益山のことでしょう。

益山には、かつて都であったことを裏づけるように弥勒寺跡、帝釈寺跡、王宮里遺跡、益山双陵など重要な遺跡が分布しており、また、益山は百済滅亡後も、この地方の中心地としての地位を占め続けました。

弥勒寺の歴史

弥勒寺は、標高四三〇メートルの弥勒山（龍華山）南麓の平地に立地しており、東西を弥勒山から派生した丘陵尾根によって挟まれた北から南へ緩やかに傾斜する地形の場所に立地しています。なお、弥勒山には百済時代の弥勒山城が築かれています。

『三国遺事』巻二の武王条には、弥勒寺の創建に関わる以下のような記載が見えます。

「武王と王妃が獅子寺に行幸する途中、龍華山麓の大池から弥勒三尊が現れた。王らは駕を留めてそれを敬った。夫人が王に『この地に大伽藍を創るべきです』というので、王はそれを許して、知命法師のもとに行ってどうしたら池を埋めることかできるかを問うた。法師は神力で一夜のうちに山を削って池を埋めて平地した。そこで、武王は寺院を建てることにした。そこで、弥勒が出現し、三回の説法で衆生を救うという弥勒三会に因んで、寺院は殿塔廊廡《でんとうろうぶ》をそれぞれ三ヵ所つくり、寺額を弥勒寺とした。新羅の真平王が百工を派遣して援助した」とあります。ちなみに、武王の王妃は新羅王の娘の善花公主で、龍華山とは弥勒山のことです。

『三国遺事』は、弥勒寺の創建を武王代としており、武王の在位は六〇〇年から六四一年ですので、七世紀前半の創建となります。また、『三国史記』聖徳王十八年（七一九）九月条には、「金馬郡の弥勒寺に落雷があった」という記載が見え、文献史料から、弥勒寺は統一新羅時代まで存続していたことが確かめられます。

弥勒寺は、弥勒信仰と深く関わって造営されたことが、先の『三国遺事』の記事によって確認できます。弥勒信仰は、先にも述べましたように、北魏の仏教の影響によっており、百済、新羅、高句麗で盛んになります。

弥勒信仰では、弥勒は理想的国王がいる所に光臨して、三回の説法で二八二億人を救済すると説きます。弥勒寺を造営する趣意として、弥勒の力によって、新羅あるいは高句麗の侵攻を防ぎ、百済を守ろうとする意図があったと思われます。

弥勒下生の浄土世界を具現するということは、国民が協力し合って国力を伸ばして王権を強化して、強力な統治を成し遂げていくという意味があります。つまり、弥勒寺の造営もまた護国の思想と関わっていると言うことができます。

弥勒寺の伽藍と発掘

弥勒寺跡の現地には、百済時代の西石塔や、統一新羅時代の幢竿支柱二基が残っています。弥勒寺では、一九七四年に円光大学校が東塔跡の発掘を行い、一九八〇年からは、韓国文化財管理局が全面的な発掘を実施しています。

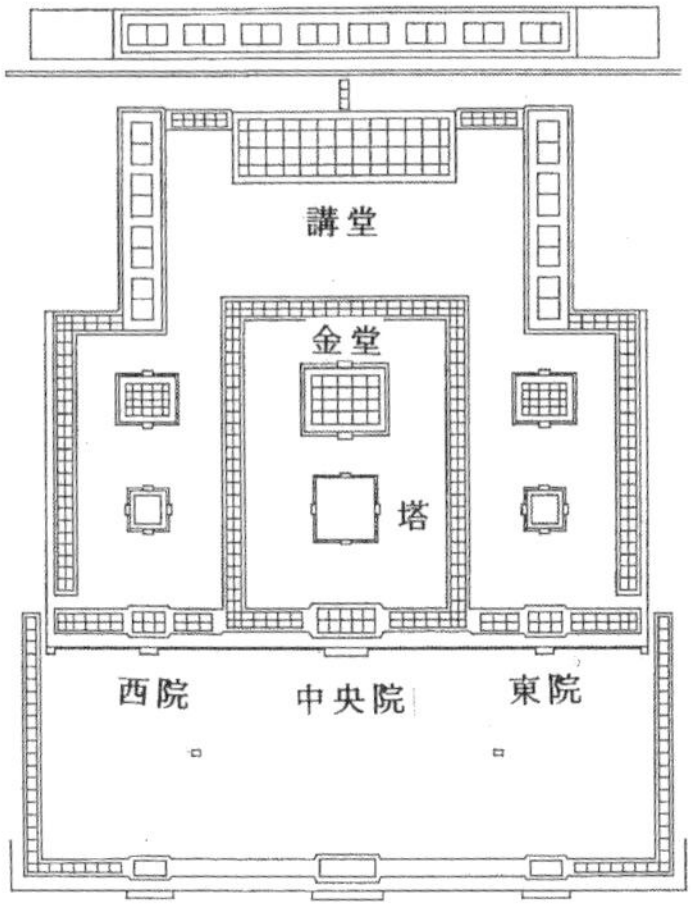

図32　弥勒寺の伽藍配置

その結果、伽藍配置や各堂塔の構造などが明らかになりました。まず、伽藍配置は、南北一直線に並ぶ中門・塔・金堂の伽藍を、東西に三つ、すなわち西院・中院・東院を並べ、それぞれを複廊で囲み、中院の背後に巨大な講堂を配置する構造であったことが明らかにされました。非常に特異な伽藍構造で、三つが並ぶ伽藍は『三国遺事』武王条に見える伝承と符号しています。

各院の金堂と塔は、それぞれ東西の中心線が揃うように配置されています。講堂前の東西には南北棟の僧坊が配置されています。講堂北方の高台にも東西に長い建物があり、やはり僧坊であった可能性があります。

一塔一金堂の伽藍を三つ東西に並べた伽藍は、他に例を見ないものです。唐では、こうした多院式伽藍が造られており、その影響があるのかもしれません。

三院を合わせた中心伽藍の範囲は、東西一七〇メートル、南北一五〇メートルほどの広大な範囲を占めています。中院伽藍は、塔と金堂の周囲の東西と南北に複廊を配して、塔と金堂をコ字形に囲んでいます。東西回廊の中心間の距離は百九十尺（約五七メートル）、南北回廊の中心間の距離は二百四十六尺（約七三メートル）で、回廊基壇幅は六・六メートルと分かっています。なお、東院と西院の東西回廊の中心間の距離は百四十尺（約四二メートル）であり、中院は東院・西院よりも、かなり広い範囲を占めることになります。

これらの中心伽藍の南方には築地塀で囲んだ東西に長い一画があり、先の三院の中門の南にそれぞれ南門が設けられています。また、中心伽藍の南方に石組みの方形池、すなわち石組みの蓮池があります。

西院石塔の調査

諸堂塔のうち、まず、西院石塔を取り上げましょう。西院石塔は、七層ないし九層と復原できる多層の石塔です。現在、六層分が残っていますが、西面は大きく破壊を受けています。韓国最大、かつ最古の石塔です。

発掘の結果、石塔の下層に池があり、池を埋め立てて造営したことが分かり、『三国遺事』武王条に見える伝承が裏づけられました。西院石塔の基壇は二重の壇上積基壇で、上成基壇は一辺一〇・四メートル、下成基壇は一辺一二・五メートルの大きさです。

基壇を築くにあたっては、掘込地業を行い基礎が堅固に固められていました。掘込地業は方約一五・五メートルの範囲を、約二・三メートルの深さで掘り込んでおり、その中は礫を入れ、版築層で固められていました。

建物の初層は方八・三メートルで、四面の中央に入口があります。塔内には、中央で交差する通路があり、その交点、すなわち建物中央に方形切石を四段積みした心柱があり、二層目以上にも心柱石が置かれています。

図33　弥勒寺西院の石塔

一層目の最下段心柱石の上面には舎利孔が穿たれており、舎利孔は、その上に置かれた心柱石で完全に密封されています。
石塔は、外装材と内部の部材を分けて構築しており、全体として木造建築の技術によって、木造塔を模倣して築いていると言えます。

石材は、益山郡金馬面・黄登周辺で産出する花崗岩切石を使っており、百済の石工の優れた石造技術を窺わせています。

下成基壇の四隅には、猿石様の花崗岩石像が三体残されています。石像は座像でして、高さ〇・八～〇・九メートルほどです。新羅芬皇寺の塼塔基壇の四隅に置かれた石像と共通しており、境界を守る石像として立てられているのかもしれません。

西院石塔は、数度改築されており、一九一四年には朝鮮総督府によって西面の崩壊部分がコンクリートを用いて補修されました。そして、近年、全面的な解体修理が行われました。なお、東院石塔は、発掘調査の結果、方形の二重基壇で、西院石塔と全く同規模・同構造の塔であることが明らかにされています。そして、近年、建物全体が復原整備されています。

西院石塔の解体修理と心礎舎利埋納の調査

西院石塔の解体修理は二〇〇一年から始まりました。二〇〇九年、心礎を調査したところ、その上面の中央で舎利孔が発見され、その中から舎利容器と舎利、舎利供養具、そして舎利奉安銘板が発見されました。

心礎は、方九八センチメートル、高さ七五・五センチメートルの切石で、その上面の中央に方形の舎利孔が穿たれています。舎利孔は方二五センチメートルで、深さ二六センチ

図34　弥勒寺西院石塔の心礎と舎利孔

メートルの大きさです。舎利孔内には、舎利容器と多量の舎利供養具が安置されていました。舎利容器と舎利供養具の埋納状況、そして供養具などの概要を見ておきましょう。

最下層には、一辺長二三センチメートル、厚さ一センチメートルのガラス板が敷かれており、その上の中央に舎利容器が安置されていました。舎利容器の周囲には多量の舎利供養具が納められていまして、舎利供養具は下層・中層・上層の三層に区分できます。

下層には、青銅製円形合子六点が置かれており、その間をガラス玉で埋めていました。青銅製円形合子の一点の上面には、「上部達《だち》率《そち》目近」の銘文が陰刻されていました。百済の十六階官制では、第一位が「佐平《さへい》」で、「達率」は第二位の高官にあたります。合子には供養具が収められており、その一つには、ガラス玉・金製玉・銀製玉・ヒスイ勾玉・琥珀玉・金製環・指輪・布などが納められていました。

　中層には、銀製冠飾・金製小型板・装身具・刀子など多様な供養具が奉安されていました。金製小型板には、「中部徳率《とくそつ》支施金一両」「下部……」などの銘文を刻んだものがあり、これは貨幣の役割を果たした金丁にあたるものです。「下部」「中部」「徳率」「恩率《おんそつ》」とは中央の官名で、「徳率」は「達率」の下の官名です。中央の高官が、西院西塔での舎利奉安儀礼に参加していたことを物語っています。そして、上層には、舎利孔の南壁面に「舎利奉安記」金銅板が斜めに立て掛けられていました。

図35　西院石塔舎利孔内の舎利容器・供養具、舎利奉安記

　中央に安置された舎利容器は、金銅製外壷、金製内壷、ガラス製瓶の三重からなっています。金銅製外壷は、細頸の壷で、胴中央部で上下に二分され、宝珠つまみ付きの蓋を伴います。全面に唐草文・蓮華文などが毛彫りされ、間に魚々子《ななこ》を打って装飾しています。高さ一三センチメートル、肩部の幅五・九センチメートルの大きさです。金銅製外壷の中には、多量のガラス玉などが納められていました。
　金製内壷は、金板を鍛造して作ったもので、外壷と同様の蓋付きの細頸の壷です。高さ五・九センチメートル、肩部の幅二一・六センチメートルで、外面に陰刻文が飾られています。ガラス製舎利瓶は金製内壺の中に納められており、薄手の茶色ガラス製で下部は破損していました。中にはガラス玉二十個余の舎利が納められていました。

舎利容器の横に納められた「舎利奉安記」は、横一五・五センチ、縦一〇・五センチ、厚さ一・三ミリの金銅板で、その表裏両面にタガネによって二十二行にわたって百九十三文字が刻まれています。文字には、朱が差し込まれています。その文章は、多く仏典に依っています。銘文の概要は以下の通りです。「武王の王侯の佐平沙宅《さたく》積徳の娘の沙宅王后の発願で『大王陛下』すなわち武王の長命・安寧、王后自身の仏道成就を祈り、また、治世・王権の安寧を祈願することを目的に伽藍を造立し、己亥年（六三九）正月九日に舎利を奉安した」と、記載されています。弥勒寺の創建年代と、造寺の目的や縁起・発願者を示すたいへん重要な史料と言えます。

図 36　西院石塔舎利容器と供養具

創建年代については、『三国遺事』には武王代とあるのみでしたが、この「舎利奉安記」によって、西院石塔が造られ、舎利供養が行われたのは、武王四十年（六三九）正月九日であったという、より詳細な年代が判明しました。少なくとも、武王四十年には弥勒寺の造営がかなり進んでいたことが知られます。

なお、飛鳥時代寺院の舎利容器や舎利供養具は、法隆寺五重塔の心柱下や近江大津京に建設された崇福寺塔の心礎、飛鳥寺塔の心礎などで発見されています。舎利容器を三重・四重とすること、内側の容器に金製壷、ガラス壷を使うこと、ガラス壷にガラス玉などの舎利を納めることなど、その埋納方法は弥勒寺西院石塔での舎利埋納方法と共通しています。

飛鳥寺では、心礎上で心柱の周囲に、ガラス玉・勾玉・琥珀玉・金環・金板・銀板・馬鈴・鉄製挂甲《けいこう》・馬具・刀子などの舎利供養具が埋納されていましたが、その内容・構成は弥勒寺西院石塔のそれと共通しています。ただ、銀製冠飾の埋納など装身具文化の違いなども認められます。

西院石塔で発見された舎利容器と各種供養具は、たいへん素晴らしいもので、百済美術工芸の絶頂期の優品です。また、金製小型板（金丁）、金製耳飾、冠飾、円形合子など、六世紀前半に営まれた武寧王陵の副葬品と共通する装身具が奉安されていることも注目されます。武寧王陵では中国南朝系の磚積みアーチ形の墓室が採用され、南朝産の陶磁器なども副葬されていました。弥勒寺では、こうした伝統が引き継がれているようです。

中院の木造塔

中院の木造塔には、西入側柱列の礎石が一ヵ所残されているのみで、根石や礎石抜き取

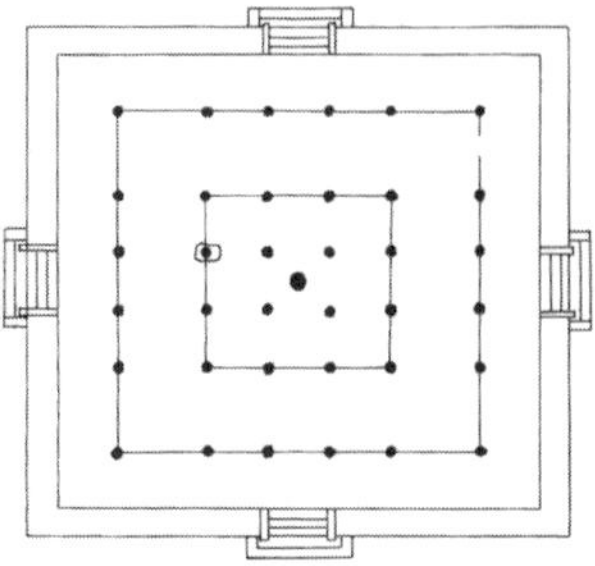

図 37　中院の木造塔平面
5 間×5 間説

図 38　中院木造塔の掘込地業と版築

り穴は見つかっていません。基壇は方一八・五メートルの二重基壇で、東西南北の四面に階段が設けられています。基壇は掘込地業によって基礎固めされており、その底に二〇～三〇センチ大の礫を敷き詰め、その上に褐色や黒色の砂質土や粘質土を交互に積んで丁寧に版築して築いています。掘込地業の深さは四・七メートルほどあり、その上に、基壇土を一・五メートルほどの厚さで積んでいます。非常に入念で堅固に基礎を固めた上で、九重塔が建てられていたわけです。

基壇の構築にあたって礫を多用する方法は、扶余の王興寺など百済の寺院では他に例を見ない工法です。こうした工法は、新羅寺院たとえば皇龍寺の堂塔で採用されています。新羅寺院の基礎工法の影響でしょう。弥勒寺の造営に際して、新羅王が百工を派遣したとある『三国遺事』の記事と関係するのかもしれません。なお、上成基壇の化粧法は、切石による地覆石を敷いた上に板石による羽目石を立てていることが分かっています。

塔の建物は、一辺三十六尺（一〇・八メートル）四方と復原されています。その平面形については、三間×三間説と五間×五間説との二説がありますが、残っている西入側柱の礎石から、三間×三間説が妥当と言えるでしょう。

なお、参考までに例を示しますと、方一八・五メートルの基壇規模や、一辺一〇・八メートルの初層建物の規模は、わが国の国分寺の七重塔の標準的な大きさです。

各院の金堂

各院の金堂は、それぞれ塔の中心から三〇・八メートル北に東西に軸線を揃えて並ぶ形に配置されています。

西院の金堂では、円形柱座を造り出した方形の礎石が良く残っています。礎石は、高さ〇・九メートルほどあり、高い礎石が特徴的です。礎石の下には、礎石よりも一回り大きい方形の切石を据えて、礎石の安定がはかられています。

金堂建物は、礎石の配置状況から東西五間（一一・八メートル）、南北四間（九メートル）の四面廂付建物と復原できます。ちなみに、法隆寺金堂建物は東西五間（一三・九メートル）、南北四間（一〇・七メートル）ですので、法隆寺金堂に比べてやや小規模です。基壇化粧石は切石による地覆石と、倒れてはいましたが、板石による羽目石が発見されており、東院金堂と同規模・同構造の二重基壇で、壇上積基壇であったと復原できます。

図39　西院金堂の発掘

中院の金堂では、円形の造り出しがある礎石や礎石抜き取り穴が発見されており、金堂建物は東西五間（約二〇・五メートル）、南北四間（約一四メートル）の四面廂付建物と復原できます。柱間距離は、桁行中央間三間は約四・七メートル、両脇間二間は三・二メートルと復原できます。中院の金堂建物は、西院や東院の金堂よりも、三割ほど大きな建物であったわけです。金堂跡からは壁画片が出土しており、堂内を壁画で飾っていたことが知られます。

基壇は、他の堂塔と同様に二重基壇であり、東西二四メートル（高麗尺六十八尺）、南北一八・二メートル（高麗尺五十二尺）の大きさで、総高は一・四四メートルを測ります。階段は、南面と北面の中央にそれぞれ一ヵ所設けられています。基壇化粧は切石積みで、

図40　東院の塔・金堂跡

上成基壇は地覆石の上に板石による羽目石を立て、下成基壇は、板石による縁石を立てた上に、幅〇・九メートルほどで板石を敷き並べています。

東院の金堂跡では、礎石・階段遺構・基壇化粧石がかなりよく残っていました。礎石は円形柱座を造り出した一辺一メートルほどの方形の礎石で、西院金堂礎石と同様に一メートルほどの高さがあり、その下に一回り大きな四角い切石が据えられていました。

東院の金堂建物は、東西五間（一二・八メートル）、南北四間（九メートル）と西院金堂と同規模・同構造です。基壇は二重基壇で、上成基壇は切石による地覆石の上に板石による羽目石を立て、その上に葛石を乗せる壇上積基壇で化粧しています。下成基壇は板石による縁石を立て、その上に板石を敷き並べた構造です。こうした基壇化粧法も中院金堂・西院金堂のそれと共通するものです。上成基壇の高さは一・〇四メートル、下成基壇は高さは〇・二二メートルで、その幅は一・〇五メートルを測ります。基壇の総高は一・二六メートルとなります。

弥勒寺の各院の金堂・塔の基壇化粧法は、羽目石に横長の大きな板石を使う点など、地

図 41　東院金堂全景

覆石に花崗岩切石、凝灰岩の羽目石・葛石を使う飛鳥諸寺の壇上積基壇とは、石材やその使い方に違いがあります。下成基壇の上面に板石を犬走り状に敷く化粧法も飛鳥諸寺には見られないものです。

そのほか、各院の金堂前にはそれぞれ石灯籠の台座が残っており、その台座には蓮華文が浮彫りされています。

三院の周囲を囲む回廊は複廊で、基壇幅は六・六メートルの規模のものでした。中院や東院を囲む回廊では礎石が残っていますが、これらは創建当初のものではなく、創建時の回廊は掘立柱回廊であったようです。ただ、早期に礎石建ちの回廊に改められたのでしょう。

僧坊は、講堂の東西両方に南北棟僧坊と、講堂の北方に東西に長い僧坊が配置されています。南北棟僧坊は、梁行三間の建物で、南北長六五メートルを測り、南端は東院と西院の北面回廊に接続しています。

　また、東院と西院の中門外で、東塔と西塔の南の前方に幢竿支柱二基が残っています。統一新羅時代後半のもので、高さ四メートルほどの支柱です。

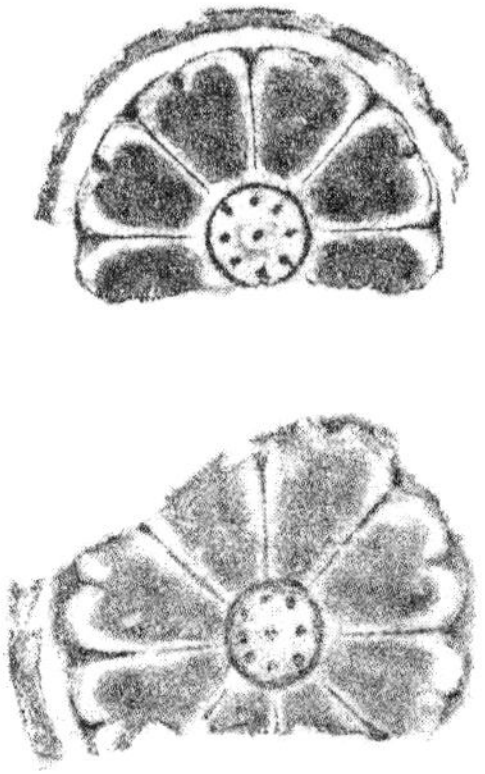
図42　弥勒寺出土の軒瓦

　屋根瓦としては、軒丸瓦、軒平瓦、垂木先瓦などが出土しています。軒丸瓦は、百済の軒丸瓦を代表する八弁の桜花弁形の単弁瓦があり、桜の花弁形で重弁風の六弁単弁瓦もあります。後者と類似する重弁風文を飾る垂木先瓦も出土しています。重弁風の蓮華文を飾る瓦は、八弁の桜の花弁形の単弁瓦よりも後出する軒丸瓦でしょう。軒平瓦は均整唐草文を飾るもので、具象的な均整唐草文が施されています。これらの軒瓦は、七世紀前半から中頃の瓦としてまさに相応しい特徴を備えています。

　このように、弥勒寺は百済後期に創建されたものですが、統一新羅時代の石製の幢竿支柱が残されており、新羅時代にまで維持されていたことが確認できます。ちなみに、幢竿支柱とは、仏教儀式に際して立てる幢幡の竿を支える支柱のことです。そして、弥勒寺は、その後、高麗・李朝時代まで存続し、李朝中期の文禄の役（壬辰倭乱）頃に廃寺となったようです。

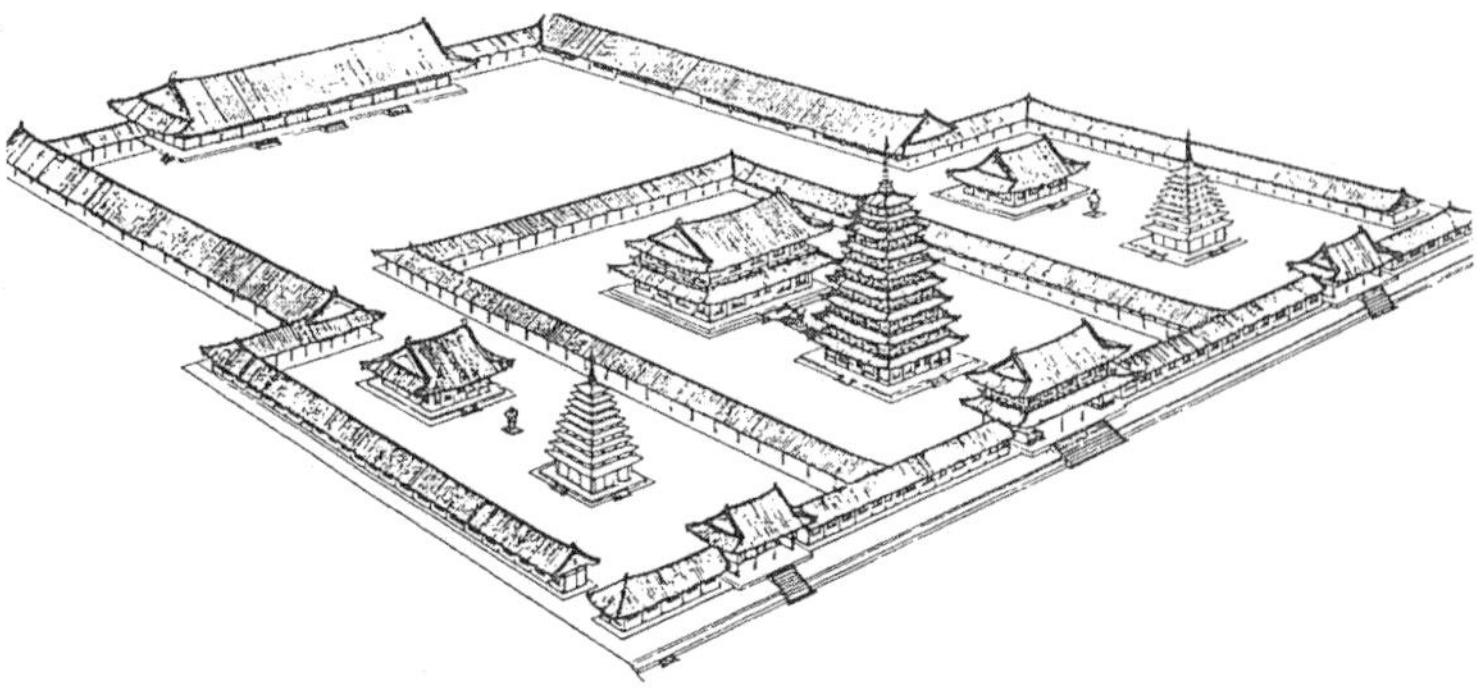

図 43　弥勒寺伽藍復原図

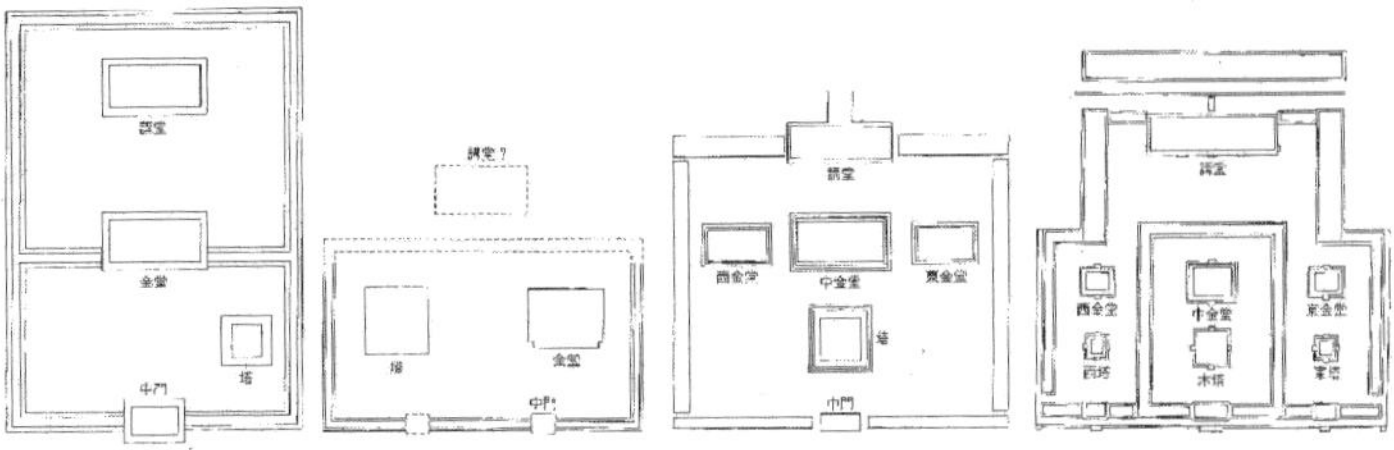

図 44　皇龍寺・弥勒寺・百済大寺・大官大寺の伽藍比較

なお、新羅の皇龍寺、百済の弥勒寺の回廊で囲まれた伽藍中枢部の範囲は、新羅や百済の他の一般的な寺院の回廊範囲をはるかに凌駕する規模を誇っていました。百済大寺・文武朝大官大寺の回廊範囲も飛鳥諸寺の中で破格の規模があり、皇龍寺や弥勒寺の規模に匹敵しています。これら諸寺は、中心伽藍の配置構成は違いこそすれ、九重木造塔や堂塔の規模、そして回廊範囲は共通しており、これら諸要素は東アジア諸国の国家筆頭の大寺を象徴する特徴ということができるでしょう。

高句麗の清岩里廃寺

清岩里《せいがんり》廃寺は、朝鮮民主主義人民共和国の首都、平壌特別市大聖区域清岩里にある三国時代高句麗の寺跡です。平壌の東北三キロメートル、大同江北岸の清岩里土城内の中心部に位置しています。背後に丘陵を控え、南に大同江が流れる景勝地に立地しています。清岩里土城は高句麗時代の王城です。

清岩里廃寺は、『三国史記』文咨王《ぶんしおう》七年（四九八）条に「……七月創金剛寺……」とあり、付近に「金剛田」の地名が残っていることから、この寺跡は四九八年に創建された金剛寺にあたると推定されています。

一九三八・三九年、当時、朝鮮総督府博物館の研究員であった小泉顕夫が発掘調査を行い、平面が八角形の建物を中心に置き、その東・西・北の三方に堂宇と、南方に中門を配置するという一塔三金堂式の伽藍であることが分かりました。北側の台地上に数棟の建物群がありますが、いずれも高麗時代に建設されたものです。

八角形建物を中心に置く一塔三金堂式の伽藍は、上五里廃寺や定陵寺でも発見されており、高句麗特有の伽藍配置とされています。日本最初の伽藍を整えた飛鳥寺は一塔三金堂式の配置であり、その伽藍配置は高句麗式伽藍を採用したものと見ることができます。

清岩里廃寺の八角形建物の基壇は、幅二三メートル、一辺九・五メートルと大きなものです。基壇は二重基壇で、岩盤を削り出して築いています。上成基壇の縁に割石列があり、その外側に幅一メートルの石敷による下成基壇を設けています。この石敷上には四角い穴を穿った礎石が配置されています。下成基壇の外側には割石による犬走りがあり、その外側に石敷の雨落溝が巡らされています。なお、定陵寺の八角形建物の基壇は、幅二〇メートル、一辺八・四メートルの大きさで、上五里廃寺の八角形建物の基壇は幅二五・八メートルと大きなものです。いずれも八角形建物基壇の周囲に石敷が巡らされています。

八角形建物の北にある金堂の基壇は、東西長三二・四メートル、南北一九・八メートルと大規模なもので、その南面と北面に玉石敷の参道が設けられています。東金堂と西金堂は南北棟建物で、基壇はともに南北約二四メートル、東西約一二メートルを測ります。

近年、清岩里廃寺の八角形建物が再発掘されたそうです。注目される発掘ですが、残念ですが、きちっとした情報が入ってきません。九重塔と推定できると結論されたと漏れ聞こえてはきますが。清岩里廃寺は高句麗の国寺と考えてよい寺院ですので、そこでの九重塔の建立は、北魏永寧寺、百済弥勒寺、新羅皇龍寺、日本の百済大寺との関係でたいへん注目される点です。

清岩里廃寺すなわち金剛寺は、六六八年に、高句麗が新羅によって滅ぼされた時に破壊されてしまい、国寺としての地位も失われます。その後、高麗時代（九一八～一三九二年）に、小規模な伽藍が再建されています。

なお、百済の仏教文化は中国南朝と深い関係にありますが、残念なことに揚子江下流地域での仏教寺院の発掘調査はあまり進んでいません。今後の調査の進展に期待したいと思います。

最後に、三回にわたる連続講座でお話した要点について簡単にまとめておきます。

六世紀から七世紀にかけて、東アジアの国家筆頭寺院では、鎮護国家仏教の象徴として、巨大な木造九重塔が建立されました。新羅の皇龍寺、百済の弥勒寺、そして日本の百済大寺、大官大寺での木造九重塔の建造はその流れに沿うものであったのです。これら国家筆頭の大寺では、その寺格を示すかのごとく、各堂塔の規模や中心伽藍の範囲は、他の諸寺を大きく凌駕する壮大なものとして建造されています。北魏洛陽永寧寺については造寺の趣意は記載されておらず明確ではありませんが、北魏は弥勒信仰が大きな位置を占めていますので、百済弥勒寺と同様の趣旨があったと考えるべきでしょう。

三回にわたって、東アジア諸国間の関係を視野に入れながら、国家寺院における九重塔の建設の実態と、背景にある歴史的意義についても考えて見ました。まだまだ、検討すべき課題が残っており、また話し足りない点はありますが、連続講座をこれで閉じさせていただきます。

主な参考文献

本澤清三郎「廃大官大寺」（『考古界』四－二、考古学会、一九〇四）
上田三平「大官大寺址」（『内務省史蹟調査報告』四、内務省、一九二八）
保井芳太郎『大和上代寺院志』大和史学会、一九三二
大岡　実「大官大寺の伽藍配置」（『建築史』一－五、建築史研究会、一九三九）
橋本伊知郎『大官大寺考証』綜芸社、一九六九
田村吉永『飛鳥京藤原京考証』綜芸社、一九六五
奈良国立博物館『飛鳥白鳳の古瓦』東京美術、一九七〇
奈良国立文化財研究所『飛鳥・藤原宮発掘調査概報』四～一三、一九七四～八三
工藤圭章「幻の九重塔・大官大寺」（『明日香風』五、飛鳥保存財団、一九八二）
和田　萃「百済宮考」（『明日香風』一三、飛鳥保存財団、一九八四）
大韓民国文化財管理局文化財研究所編『皇龍寺遺跡発掘調査報告書』1、一九八四
東　潮ほか『韓国の古代遺跡』一、新羅篇（慶州）、中央公論社、一九八八
東　潮ほか『韓国の古代遺跡』二、百済・伽耶篇、中央公論社、一九八九
文化財管理局文化財研究所『彌勒寺』遺蹟發掘調査報告書Ⅰ、一九八九
大脇　潔『飛鳥の寺』日本の古寺美術一四、保育社、一九八九
金　東賢「皇龍寺跡の発掘」（『仏教芸術』二〇七号、毎日新聞社、一九九三）
木下正史『飛鳥・藤原の都を掘る』吉川弘文館、一九九三

奈良国立文化財研究所『北魏洛陽永寧寺　中国社会科学院考古研究所発掘報告』奈良国立文化財研究所史料第四七冊、一九九八
帝塚山大学考古学研究所『吉備池廃寺をめぐって』一九九八
狩野　久編『古代寺院（古代を考える）』吉川弘文館、一九九九五
木下正史『藤原京』中央公論新社、二〇〇三
李　興範『韓国古代伽藍の形成と展開の研究』山喜房佛書林、二〇〇三
奈良文化財研究所『吉備池廃寺発掘調査報告――百済大寺跡の調査』奈良文化財研究所創立五〇周年記念学報第六八冊、二〇〇三
木下正史『飛鳥幻の寺、大官大寺の謎』角川書店、二〇〇五

木下正史（きのした　まさし）
1941年、東京都生まれ。東京教育大学文学研究科修士課程修了。
1968年、奈良国立文化財研究所に入り、平城宮・京の発掘調査に従事。
1970年から1990年まで、飛鳥・藤原京の発掘調査・研究に携わる。
1990年から2007年まで東京学芸大学教授、2011年まで同特任教授。
現在、東京学芸大学名誉教授。
「飛鳥・藤原の宮都と関連資産群」の世界遺産登録に向けて取り組んでいる。
＜主要著書＞
『飛鳥・藤原の都を掘る』（吉川弘文館　1993）
『藤原京』（中央公論新社　2003）
『飛鳥幻の寺―大官大寺の謎』（角川書店　2005）
『飛鳥から藤原京へ』（共著、吉川弘文館　2010）
『古代の漏刻と時刻制度―東アジアと日本』（吉川弘文館　2020）

大安寺歴史講座 3
大安寺 国家筆頭大寺へのあゆみ

2020年6月17日　初版第1刷発行

著　者　　木下正史
編　者　　南都大安寺
発行者　　稲川博久
発行所　　東方出版（株）
〒543-0062 大阪市天王寺区逢阪2-3-2
Tel. 06-6779-9571　Fax. 06-6779-9573
装　幀　　森本良成
印刷所　　亜細亜印刷（株）

乱丁・落丁はおとりかえいたします。
ISBN978-4-86249-393-4

大安寺歴史講座シリーズの刊行にあたって

大安寺は上代における日本仏教の源泉ともいうべき寺院でした。聖徳太子建立と伝わる熊《くま》凝精舎《ごりしょうじゃ》に淵源を持ち、舒明《じょめい》天皇による最初の官大寺として仏教の黎明期を支え、天武期には、高市大寺《たけちのおおてら》、大官大寺《だいかんだいじ》と変遷して仏教導入による日本の国家形成の主軸となったのでした。

さらに平城京遷都に伴って今日の地に移されて大安寺となり、二十五万平方メートルにおよぶ広大な寺域に九〇余棟の建物が立ち並び、八八七名という学侶が居住して、仏教の基礎研究の拠点となり、仏教文化の受容と伝播に重要な役割を果たしたのです。

今日の大安寺は、古の大伽藍は地下遺構に埋もれ、往年の巨大寺院の影をすっかり潜めてしまいましたが、旧境内全域が国の史跡に指定され、また、天平時代の仏像九体が残されて仏法とその歴史的意義が今日に伝えられています。

大安寺歴史講座は、今日までの様々な研究や発掘による成果に基づき、人々の記憶の中に埋没した大安寺の歴史を掘り起こし、その宗教的意義や文化的意義を再認識し、新たな知見を得ると共に、それらを記録にとどめていくことを目指しています。

大安寺の旧伽藍を昔のまま復元していくことが寺院としての第一義ではありません。むしろ今日的境内整備と相俟って、かつての大安寺の存在が掘り起こされ、人々の間に認識されて、その精神的な復興につながることになれば望外の喜びです。

大安寺貫主　河野良文《こうのりょうぶん》